L'économie des risques dans les projets publics

5-7, rue de l'Ecole-Polytechnique, 75005 Paris

http://www.harmattan.fr
diffusion.harmattan@wanadoo.fr
harmattan1@wanadoo.fr

ISBN : 978-2-343-07703-1
EAN : 9782343077031

Grégory Berkovicz
Arnaud Degorre
Cyril Baraduc
Armand Lang

L'économie des risques dans les projets publics

L'Harmattan

Remerciements à Fatima Ben Meryem

SOMMAIRE

TITRE 3
DONNER UN PRIX AU RISQUE

TITRE 4
LE PARTAGE DES RISQUES

TITRE 5
LA MATRICE DES RISQUES

TITRE 1

LA THÉORIE DU RISQUE, LE RISQUE EN PRATIQUE

CHAPITRE 1

L'émergence progressive du risque et ses premières applications

« Le risque ». Ce mot ponctue de manière significative notre langage actuel. On note déjà, dans l'Italie du XIVe siècle, « *une percolation du mot risque dans la société civile* »[1]. Objet d'usages multiples, cette notion a été récupérée par les mathématiciens qui l'ont érigée en abstraction ; désormais elle irrigue les sciences sociales, comme en témoigne le succès de l'expression « *société du risque* » inventée par Beck[2]. Dans cette lignée, la notion de risque s'est récemment greffée à l'économie des contrats publics.

Cette évolution nous amène à faire un premier constat : la notion de risque est intrinsèquement mouvante. L'appréhension évolutive dont elle a fait l'objet au cours de l'histoire accompagne les transformations sociales[3]. C'est pourquoi, l'étude de l'histoire du risque peut être très féconde : outre

---

[1] *La notion de risque en économie*, Pierre-Charles PRADIER, Editions La Découverte, 2006, Chapitre 1.

[2] *La société du risque. Sur la voie d'une autre modernité*, Ulrich BECK, Paris, Aubier, 2001.

[3] *La notion de risque en économie*, Pierre-Charles PRADIER, Editions La Découverte, 2006.

les questions économiques et mathématiques qu'elle induit, elle nous renseigne sur l'attitude de l'homme face à l'incertitude à travers le temps et les âges. Comme l'a souligné Cline[4], l'appréhension du risque doit toujours être contextualisée : sa perception est tributaire de la culture, de la religion et de l'état des sciences. Le risque est en effet crée par la perception, il n'existe pas *per se*.

I. Le risque : l'impossible définition

A. Les notions gravitant autour du risque

Le champ lexical de l'aléatoire est très riche. Aussi est-il difficile d'en situer les différents éléments par rapport à la notion de risque.

D'emblée, il convient d'isoler le risque de l'incertitude. Même s'ils induisent tous les deux « *la possibilité d'évènements dommageables* »[5], ces aléas se distinguent par le fait que le risque, à la différence de l'incertitude, est un aléa qui est mesurable grâce à des probabilités.

Cette première distinction nous conduit à aborder la notion d'aversion pour le risque, que l'on a qualifiée de manière triviale de *« prix de la peur »*[6]. La théorie d'Arrow-Patt (1964-1965) de l'aversion du risque prend corps dans la théorie de l'utilité espérée appliquée à la prise de décision[7]. Cette théorie part du postulat que, face à des choix, les préférences des agents sont tributaires d'une représentation : l'utilité attendue de l'objet de leur décision. Ainsi, on distingue les personnes

---

[4] *The Etymology of Risk*, Preston Cline, Harvard, Mai 2004.

[5] *Risque, incertitude et aversion au risque*, Portail des knols financiers en français – Biblio semaine 2.

[6] Idem.

[7] *New Palgrave of Economics*, seconde édition, volume 7, p 197.

« risk adverse » des personnes « risk lover ». Le recours aux assurances est révélateur de l'aversion au risque : l'agent est en effet prêt à payer une prime pour se débarrasser d'un risque. Cette notion d'aversion au risque amène celle de prudence, longtemps synonyme de sagesse. Désignant l'acte de penser chez les Grecs, elle implique une certaine prédiction du futur.

B. L'étymologie multiple du risque

Les origines du mot risque ne font pas consensus. Elles font l'objet de nombreux mythes et fables[8]. Même le dictionnaire ne peut éluder l'embarras qu'il éprouve pour retrouver l'étymologie du mot : *« ancien italien risco »* ; *« bas latin risicus ou riscus »* ; « peut-être du latin resecare « couper », « ou du grec byzantin *« rhizikon » hasard »*[9]. L'emploi de ce terme remonte avant le Moyen-âge. On le retrouve en effet dans des écrits datant de la Grèce et de la Rome antiques[10]. C'est à partir de l'Italie du XIIIème siècle que ce mot s'est généralisé au sein du continent européen. Les marchands marins des ports commerciaux de Gênes et de Pise en étaient le principal canal de diffusion.

Il n'est pas plus aisé de définir cette notion. Comme on l'a souligné[11], il est impossible d'établir une « *méta définition* » du risque puisque chaque individu en a sa propre définition. De nombreux comités scientifiques ont tenté, en vain, de s'accorder sur une définition commune[12].

---

[8] Notion économique du risque : thèse romantique, capitaliste…

[9] *Le Nouveau Petit Robert de la Langue Française,* 2010.

[10] *The Etymology of Risk*, Preston Cline, Harvard, Mai 2004.

[11] Idem.

[12] Idem.

II. Le tournant : le développement des risques au XVIe siècle

A. La conception du risque avant la théorie des probabilités

Avant le développement de la théorie des probabilités, le risque se caractérisait par deux éléments : son caractère normatif et la difficile reconnaissance de la dualité du terme. Cette acception du risque était alors éminemment économico-juridique. L'usage maritime du mot se développe rapidement pendant l'époque moderne. Au XVIIe siècle, il revêt rapidement une dimension économique générale : l'expression *« prendre une affaire à ses risques, périls et fortunes »* se banalise[13]. Dès lors, c'est surtout la dimension normative du terme qui le caractérise : il sert à justifier un profit dans le cadre d'une activité économique[14]. On a longtemps confondu le risque avec sa propre mesure.

B. L'abstraction du risque sous la plume des mathématiciens

C'est sous la plume des mathématiciens que cette notion est devenue abstraite. L'engouement de l'aristocratie pour les jeux de hasard en a été la cause. Les problèmes mathématiques qu'ils comportaient ont favorisé le développement des probabilités. En 1654, c'est grâce à leur résolution du problème des partis que leur avait soumis le chevalier de Méré[15], que Pascal et Fermat ont permis l'émergence des probabili-

---

13 *La notion de risque en économie*, Pierre-Charles PRADIER, Editions La Découverte, 2006 p.13.

14 Idem p. 14.

15 Idem p. 17.

tés[16]. Ainsi, on leur attribue non seulement la paternité des mathématiques des probabilités, mais également le changement épistémologique que cette révolution a provoqué. La scission entre l'incertitude et le risque étant opérée, l'être humain est appelé à faire une autre lecture de son destin et du futur[17]. Les « *mesures du sort* » des différents jeux de hasard par les mathématiciens ont permis l'émergence de l'espérance mathématique[18].

III. Les premières manipulations du risque

A. L'espérance mathématique du sinistre pour les assurances maritimes

Le calcul des primes d'assurances maritimes impliquait celui de l'espérance mathématique qui a pour objet de dégager une moyenne. La fixation des primes se réalisait en obtenant le produit de la probabilité du naufrage (estimée en fonction du nombre de navires perdus par le passé sur la route en question) par la valeur du sinistre[19] : elle était appelée « *le prix du risque* ». La métonymie du risque n'est pas encore opérationnelle, on désigne le risque par sa mesure. A la fin du XVIIIe siècle, la mesure du sinistre par l'espérance mathématique est remise en cause par Condorcet. On y substitue alors des indicateurs de dispersion qui décrivent les limites dans lesquelles les variations des phénomènes

---

16 Idem.

17 *The Etymology of Risk*, Preston CLINE, Harvard, mai 2004.

18 *La notion de risque en économie*, Pierre-Charles PRADIER, Editions La Découverte, 2006, p. 17.

19 *La notion de risque en économie*, Pierre-Charles PRADIER, Editions La Découverte, 2006 – Chapitre 2.

aléatoires peuvent fluctuer temporairement.[20] Cet acquis scientifique permet l'émergence de la théorie de la gestion des entreprises d'assurance et la représentation statistique des phénomènes[21].

La place participe à l'émergence de la théorie du risque : il met au point une approximation des sommes de variables aléatoires. Alors que Condorcet avait déjà proposé de fixer les primes d'assurances de manière à assurer la solvabilité de l'assureur en cas d'accumulation néfaste de hasards, Laplace introduit un changement qui sécurise les remboursements. L'entreprise d'assurances se trouve alors renforcée[22].

B. L'application des probabilités à la décision économique

La résolution par Bernoulli du Problème de Petersburg ouvre une nouvelle ère dans l'application des probabilités. La solution qu'il présente est construite sur la base du comportement des hommes du monde des affaires[23].

Le dirigisme économique des années 1930 créa un contexte favorable à la mise en pratique de la théorie des risques en matière de décision économique. Aux USA, c'est l'armée qui mobilise les sciences actuarielles pour le développement de la recherche opérationnelle. En France, la décision économique concerne surtout le Plan et Électricité de France.

Dans les années 1950, à l'apogée de l'engouement accordé aux séminaires Allais, la communauté scientifique s'accorde pour une lecture normative de la théorie de l'utilité espérée. Plus tard, c'est Maurice Allais lui-même qui réfute

---

20 Idem.

21 Idem.

22 Idem.

23 Idem.

cette vision. A travers une expérience empirique, il démontre les limites de la théorie de l'utilité espérée. En effet, il prouve que c'est une théorie de la décision raisonnable. A l'inverse, les résultats de son expérience démontrent que les choix des individus sont commandés par des paramètres non strictement rationnels[24].

Si la décision économique est liée au risque, cette notion a donc une place significative dans les contrats - en tant qu'actes juridiques de matérialisation de la décision économique - et en particulier dans les contrats de droit public.

24 *La notion de risque en économie*, Pierre-Charles PRADIER, Editions La Découverte, 2006.

CHAPITRE 2

L'intégration et l'habillage juridique du risque

I. Les risques liés à la qualité du cocontractant de la personne publique

Deux risques ayant trait à la qualité du cocontractant de la personne publique sont susceptibles de se matérialiser successivement dans le temps : un risque ex ante lors de la passation du contrat ; un risque ex post au moment de son exécution.

A. Le risque *ex ante* : le risque d'opportunisme précontractuel

On a pour coutume de caractériser les contrats publics, tels que la délégation de service public, comme des contrats *intuitu personae*[25]. Ainsi, plus la convention est « idiosyncratique », plus la substitution du cocontractant à la fin du

---

[25] Une directive 2014/23/UE du Parlement européen etdu Conseil du 26 février 2014 sur l'attribution de contrats de concession devra être transposée par voie d'ordonnance en France avant le 18 avril 2016. Cette réforme vise à unifier le régime des concessions au sens du droit communautaire et leurs modalités d'attribution. Elle devrait entraîner la disparition des délégations de service public au sens du droit français actuel mais une partie substantielle des règles qui s'y appliquaient devraient être reprise dans le nouveau régime. Le caractère personnel du contrat public demeure ainsi le principe.

contrat, soit-elle anticipée ou prévue, sera difficile[26]. Le choix du partenaire de la personne publique n'est donc pas anodin. Les obligations de bonne gestion des deniers publics lui impose de sélectionner un partenaire afin de conclure un contrat qui ne soit pas sous-optimal et d'éviter un coût trop important pour la collectivité.

L'obstacle majeur qui empêche la personne publique de faire un choix éclairé de son cocontractant correspond à ce que les économistes appellent les « *asymétries informationnelles* »[27]. Cela se traduit par une rétention d'information de la part du futur cocontractant de la personne publique quant à ses caractéristiques (coût de production, intensité de son aversion au risque…)[28]. Dès lors, la personne publique est confrontée à un risque de sélection adverse relative à la qualité de la contrepartie offerte par le partenaire privé. Le prix qu'elle paiera ne reflétera pas la valeur effective de la prestation de son cocontractant, sinon sa valeur moyenne sur le marché. L'intégration de ce risque par le législateur et la doctrine est féconde. Elle est à l'origine de la sacralisation des obligations de mise en concurrence au sein de la commande publique et de la théorie des incitations qui fait du contrat un instrument permettant l'extorsion d'informations occultées.

---

26 *Le contenu et la portée économiques des règles de droit Application à la répartition des risques dans les contrats administratifs*, Rapport de recherche CNRS – Paris II, AUBY, KIRAT, MATY, VIDAL, octobre 2003.

27 *Le contenu et la portée économiques des règles de droit Application à la répartition des risques dans les contrats administratifs*, Rapport de recherche CNRS – Paris II, AUBY, KIRAT, MATY, VIDAL, octobre 2003.

28 Idem.

1. L'obligation de mise en concurrence

D'une manière générale, le droit de la concurrence dans la formation des contrats se fonde sur cette réalité. L'obligation de mise en concurrence est particulièrement patente dans le droit de la commande publique, laquelle est notamment imputable à la promotion qui en est faite par les instances communautaires. Dans une communication du 15 novembre 2005, la Commission Européenne promouvait la conciliation entre concurrence effective et souplesse dans la formation des contrats de partenariat public-privé[29]. Les mesures de publicité des offres deviennent alors essentielles[30].

2. La théorie des incitations appliquée aux contrats

C'est également sur la base de ces asymétries qu'a été forgée la théorie des incitations. Elle se propose, entre autres, d'offrir des solutions pour éviter « *le Charybde d'une mauvaise sélection des candidats* »[31]. Le contrat est perçu comme un outil d'extorsion des informations gardées par le futur cocontractant. Il revêt une dimension assurancielle : il s'agit d'un outil de protection contre le risque de sélection adverse[32]. En faisant de la divulgation d'informations par le prestataire un élément incitatif, les dispositifs qui s'inspirent de cette théorie de contournent le problème de l'asymétrie informationnelle. Dans cette optique, un système de rémunération a

---

[29] *Fiche : Chapitre 1, Définition et typologie des PPP, Partenariats public-privé : mode d'emploi juridique et approche économique,* IGD- Dexia, octobre 2006. p.11-p.64.

[30] Voir *CJCE, Telaustria.*

[31] Alternatives Économiques Hors-Série n° 57 du 7.2003.

[32] *Le contenu et la portée économiques des règles de droit Application à la répartition des risques dans les contrats administratifs,* Rapport de recherche CNRS – Paris II, AUBY, KIRAT, MATY, VIDAL, Octobre 2003.

été imaginé pour certaines délégations de service public. Il repose sur l'association de niveaux de rémunération à des niveaux d'obligations quantifiables, ce qui oblige le prestataire à dévoiler ses caractéristiques[33].

B. Le risque *ex post* : l'aléa moral ou le risque de sous-performance du cocontractant

L'aléa moral est un risque qui se manifeste lors de l'exécution du contrat. Il consiste dans l'incapacité de la personne publique à contrôler l'activité de son cocontractant. Le défaut d'observabilité de la personne publique offre la possibilité à son partenaire d'adopter un comportement autre que celui prévu dans le contrat afin d'optimiser sa rémunération.[34] Une tentative d'insertion d'indicateurs de performance dans les contrats de la commande publique avait été amorcée avant l'avènement de l'économie des risques. Dans certains contrats d'affermage, notamment dans les domaines de l'assainissement et de l'eau, figurent des normes de référence destinées à repérer un écart entre engagement et prestation effective[35].

Dans la même veine, on peut citer les pénalités de retard prévues dans les marchés publics qui sanctionnent une sous-performance relative aux engagements calendaires. On peut voir dans ces dispositifs des amorces de contrôle de la performance, même si en 2003, on soulignait déjà qu' « *En dépit des nombreux contrôles, le débat sur l'introduction d'indicateurs de performance et de qualité illustre cette problématique. La mesure de l'effort du prestataire tend alors à s'objectiver* »[36]. L'insertion des

---

[33] Idem p. 69.
[34] Idem p. 57.
[35] Idem p. 63.
[36] Idem p. 57.

indicateurs de performance dans les contrats de partenariat[37] s'inscrit dans cette continuité. L'exemple le plus probant réside dans les contrats de performance énergétique[38].

La jurisprudence et le législateur ont tenté de neutraliser certains risques, pas toujours explicités en tant que tels, gravitant autour de la qualité du prestataire sélectionné par la personne publique. Le juge s'est approprié la notion de risque de manière plus manifeste, en faisant notamment du risque d'exploitation le critère d'identification des délégations de service public.

II. Le risque comme critère de qualification du contrat : la délégation de service public

A. Le risque d'exploitation : « une exploitation aux risques et périls »

Dans l'arrêt Préfet des Bouches- du- Rhône c/ Commune de Lambesc[39], le Conseil d'État abandonne le critère du paiement direct par l'usager pour celui « *d'une rémunération qui soit substantiellement liée aux résultats de l'exploitation* »[40]. Quand bien même la notion de risque d'exploitation n'apparaît pas de manière explicite dans le considérant du Conseil d'État, c'est

---

37 L'ordonnance n° 2015-899 du 23 juillet 2015 relative aux marchés publics, transposant en France les directive 2014/24/UE et 2014/25/UE du Parlement européen et du Conseil du 26 février 2014, a abrogé le régime des contrats de partenariat issu de l'ordonnance n° 2004-559 du 17 juin 2004 et lui a substitué le marché de partenariat. La plupart des observations faites au sujet des contrats de partenariat devrait toutefois demeurer pertinente s'agissant de ce nouveau modèle juridique eu égard aux similitudes entre les deux.

38 Voir *Contrats de performance énergétique, Outils juridiques et solutions de financement*, Cabinet GB2A, Editions du Moniteur, 2013.

39 CE, 15 avril 1996.

40 Idem.

bien de cela dont il s'agit[41]. Cette approche par le risque sera confortée par la Commission Européenne qui fait de la prise de risque un élément constitutif des concessions[42].

Cette évolution jurisprudentielle est entérinée par la loi du 11 décembre 2001[43] qui définit la délégation de service public comme « *un contrat par lequel une personne morale de droit public confie la gestion d'un service public dont elle a la responsabilité à un délégataire public ou privé dont la rémunération est substantiellement liée aux résultats de l'exploitation du service. Le délégataire peut être chargé de construire des ouvrages ou d'acquérir des biens nécessaires au service* ». La rémunération du délégataire est fonction du risque pris dans l'exploitation et de la manière dont le prestataire en assure la gestion[44].

Pendant longtemps, le Conseil d'État a associé le risque d'exploitation avec une conception knightienne du profit[45]. Cette lecture analyse le profit comme étant la rémunération de la décision d'affronter et d'assurer une incertitude.[46] Dans cette optique, en se posant comme « *un facteur de résorption de l'incertitude radicale qui gît au cœur du contrat administratif* »[47], le Conseil d'État a refusé d'accorder la protection de l'équilibre financier dès lors que sa menace était imputable à un acte de

---

41 *Partenariats public-privé : mode d'emploi juridique et approche économique*, IGD-Dexia, Octobre 2006, p. 33.

42 Chapitre 1, *Définition et typologie des PPP, Partenariats public-privé : mode d'emploi juridique et approche économique,* IGD- Dexia, Octobre 2006. p.11-p.64., communications de 2004 et 2005.

43 Loi n° 2001-1168 du 11 décembre 2001 portant mesures urgentes de réformes à caractère économique et financier, dite « loi MURCEF ».

44 Définition et typo p. 37.

45 *Le contenu et la portée économiques des règles de droit Application à la répartition des risques dans les contrats administratifs*, Rapport de recherche CNRS – Paris II AUBY, KIRAT, MATY, VIDAL, Octobre 2003. p. 82.

46 Idem.

47 Idem. 84.

gestion du prestataire, et non à un évènement malheureux sur lequel il n'avait aucun contrôle[48].

Pour la qualification de délégation de service public, le Conseil d'État exige l'absence de toute « *maîtrise substantielle sur les probabilités des évènements futurs susceptibles d'impacter les résultats d'exploitation* »[49]. Il souhaite par la même maintenir le prestataire dans une situation d'incertitude et de risque. On saisit dès lors l'essence du risque d'exploitation telle qu'elle fut initialement figée par le Conseil d'État. Cette lecture du risque d'exploitation a été jugée au fil du temps trop restrictive. Cela a conduit la Haute Juridiction à réviser sa conception ; elle a substitué au risque d'exploitation un « risque de non-profit » ou de « profit sous-optimal »[50].

B. La mutation du risque d'exploitation : la greffe du risque sur l'articulation risque-profit

Trois ans après son arrêt Préfet des Bouches du Rhône, le Conseil d'État a étoffé sa conception du risque d'exploitation. Dans son arrêt du 30 juin 1999[51], la Haute Juridiction adosse le risque à l'équilibre financier du contrat. Désormais, c'est la structure de l'équilibre financier du contrat qui permet d'évaluer s'il y a une prise de risque effective par le prestataire. L'équilibre financier du contrat doit substantiellement dépendre des recettes d'exploitation. Le contrôle du juge évolue : il se doit d'étudier la nature et l'agencement des clauses du contrat définissant l'équilibre financier. Le risque d'exploitation est mis en relief : il dépend non seulement du niveau de la demande, mais également de

48 Idem. p. 84

49 Idem p. 87.

50 Idem.

51 Idem p. 88.

la nature du service public et de sa structure de financement[52].

L'appréhension du profit par le Conseil d'État en est altérée. Ce n'est plus une lecture « knightienne » du profit qui est faite, laquelle le présente comme un indicateur de maitrise de l'incertitude[53]. Le profit devient *« un indicateur de la puissance à capter de la richesse »* par le prestataire[54]. Il y a un risque d'exploitation pour le Conseil d'État dès lors que *« la rentabilité interne du projet est susceptible d'être gravement compromise par les aléas de l'exploitation de l'ouvrage, comme par exemple une baisse de la demande dans une concession de distribution de l'eau ou de la fréquentation des usagers dans une concession d'infrastructure de transport »*[55].

En définitive, la Haute Juridiction apprécie si le cocontractant de la personne publique tire l'essentiel de ses ressources de l'exploitation du service, en général par la perception de redevances sur les usagers. Dans l'arrêt Smitom[56], un contrat de traitement d'ordures ménagères a été qualifié de délégation de service public alors que seuls 30 % des ressources du délégataire dépendaient des résultats d'exploitation. Le juge administratif a également qualifié de délégation de service public des contrats pour lesquels les

---

52 Chapitre 1, *Définition et typologie des PPP, Partenariats public-privé : mode d'emploi juridique et approche économique*, IGD- Dexia, Octobre 2006. p.11-p.64.

53 Idem p. 88.

54 Idem.

55 *Le guide opérationnel des PPP*, François Bergère et autres, Le Moniteur, deuxième édition 2007, p. 27-28.

56 CE 30 juin 1999, Syndicat mixte du traitement des ordures ménagères centre-ouest seine-et-marnais.

résultats d'exploitation représentaient moins de 30% de l'ensemble des ressources du titulaire du contrat[57].

La part substantielle devant provenir des résultats de l'exploitation du service n'est pas synonyme de part prépondérante, ni même de part majoritaire. Le terme « substantiel » ne renvoie pas seulement à une notion quantitative mais doit être mis en rapport avec l'idée d'exploitation du service aux risques et périls de l'exploitant[58]. Si la part de sa rémunération liée aux résultats de l'exploitation suffit à l'exposer aux risques économiques propres à ladite exploitation, alors le contrat sera bien une délégation de service public. Si en revanche, la part de financement public le fait échapper à tout risque d'exploitation, le contrat sera un marché[59]. La qualification du contrat est appréciée *in concreto* par les juges, ce qui n'est pas sans créer une certaine insécurité juridique (voir encadré ci-après).

L'article 5 de la directive de 2014précitée relative aux concessions précise en synthèse que « l'attribution d'une concession (...) implique le transfert au concessionnaire d'un risque d'exploitation lié à l'exploitation de ces travaux ou services, comprenant le risque lié à la demande, le risque lié à l'offre ou les deux. Le concessionnaire est réputé assumer le risque d'exploitation lorsque, dans des conditions d'exploitation normales, il n'est pas certain d'amortir les investissements qu'il a effectués ou les coûts qu'il a

---

[57] Pour une part de 20 % : TA de Dijon, 14 novembre 2000, Préfet de la Nièvre c/Ville de Nevers, Dr. Adm. 2001, p. 27 et CAA Marseille 13 avril 2004, Ville de Marseille. Pour une part de 10 % : CAA de Marseille 5 mars 2001, Département du Var, AJDA 2001, p. 968.

[58] Rapport d'évaluation préalable, Gironde numérique p. 50.

[59] CAA Nantes, 2 décembre 2005, Département de la Vendée, n°04NT01327.

supportés lors de l'exploitation des ouvrages ou services qui font l'objet de la concession. La part de risque transférée au concessionnaire implique une réelle exposition aux aléas du marché, telle que toute perte potentielle estimée qui serait supportée par le concessionnaire ne doit pas être purement nominale ou négligeable ».

Poids des subventions et risque de requalification d'un contrat de délégation de service public en marché public [Encadré inspiré du rapport d'évaluation préalable Gironde Numérique]

Il faut garder à l'esprit que les coûts d'établissement induits par les délégations de service public sont très importants, notamment dans le domaine des transports. Ces coûts fixes importants obligent les personnes publiques à subventionner une partie des projets afin d'attirer des candidats.

Cependant, il faut concilier la nécessité de subventionner de tels projets avec celle du maintien du délégataire en risque d'exploitation qui doit, on le rappelle, être substantiellement rémunéré par l'exploitation du service. Si la part des subventions est supérieure aux recettes tirées de l'exploitation, les parties s'exposent à une requalification du contrat par le juge. C'est pourquoi, les parties doivent faire preuve de rigueur pendant la construction du budget prévisionnel du projet afin de déterminer si son profil budgétaire correspond aux impératifs posés par les délégations de service public.

Prenons par exemple le cas d'un contrat de conception, construction et exploitation d'une ligne de haut de débit dont les coûts de premier établissement s'élèvent à 58 110 000€. Ce type de contrat vise à remédier à la fracture numérique qui existe sur certains territoires et qui pénalise les zones dites rurales. Ces dernières connaissent une densité de population moindre comparée aux zones urbaines où le titulaire du contrat peut espérer attirer une demande plus importante pour des coûts fixes qui sont les mêmes. La personne publique peut verser des subventions d'investissement pour la phase de construction, voire des subventions de fonctionnement pour assurer l'équilibre du compte annuel d'exploitation afin d'assurer une rentabilité à son cocontractant et atteindre les objectifs de couverture qu'elle s'est fixée.

Dans ce contexte, le risque de requalification d'un contrat de délégation de service public en marché public par le juge administratif est réel, constatant qu'eu égard aux sommes versées par la personne publique sous forme de subventions (40 000 000€ dans notre espèce), le délégataire n'assume pas l'exploitation du service public à ses risques et périls. De même afin d'assurer le respect des règles communautaires, la personne publique dans l'attribution d'une subvention ne doit pas porter atteinte à la concurrence. Elle doit respecter les critères de l'arrêt *Altmark Trans* (CJCE, 24 juillet 2003, affaire C-280/00, prec.) selon lesquels : - le concessionnaire doit avoir effectivement été chargé d'obligations de service public clairement définies ; - les paramètres de calcul de la compensation ont été préalablement établis de manière objective et transparente afin d'éviter qu'elle comporte un avantage économique susceptible de favoriser l'entreprise bénéficiaire par rapport à des entreprises concurrentes ; - la compensation ne saurait dépasser ce qui est nécessaire pour couvrir les coûts occasionnés par l'exécution des obligations de service public, en tenant compte des recettes y afférant ainsi que d'un bénéfice raisonnable relatif à l'exécution de ces obligations ; - le niveau de la compensation doit être déterminé sur la base d'une analyse des coûts qu'une entreprise moyenne, bien gérée et adéquatement équipée afin de pouvoir satisfaire aux exigences de service public requises, aurait encourus pour exécuter ces obligations. **Ces éléments peuvent militer pour choisir de conduire ce projet en contrat de partenariat ou marché public plutôt qu'en délégation de service public**.

III. L'intégration des risques menaçant l'exécution du contrat : la théorie de l'imprévision et de la force majeure

A. L'incomplétude assumée du contrat public : « une procédure de gestion du futur »[60]

Il existe une liste de risques dits « génériques » qui sont systématiquement identifiés et ventilés lors de la passation d'un contrat public. Ces risques prévisibles sont classés dans six catégories : « les *risques liés à des évènements imprévisibles ou extraordinaires résultant de l'action de l'homme ou de la nature, les risques politiques ou législatifs, les risques de construction, les risques d'exploitation, les risques commerciaux, les risques de changes et les autres risques financiers* »[61]. La ventilation de ces risques se fait en fonction des capacités de maitrise de chacun ou de l'épaisseur de la couverture financière des cocontractants.

Les parties au contrat sont conscientes que la clé de répartition des risques insérée dans leur convention n'est pas exhaustive. Certains risques, ni identifiables ni mesurables au moment de la signature du contrat, sont susceptibles d'entraver sa bonne exécution. Aussi est-il fréquent que les théories de l'imprévision et de la force majeure soient prévues au contrat. Cette réalité est à l'origine de ce que la doctrine appelle « *l'incomplétude*[62]» des contrats administratifs.

---

[60] *L'allocation des risques dans les contrats : de l'économie des contrats « incomplets » à la pratique des contrats administratifs* », Thierry KIRAT, Revue internationale de droit économique, 2003/1 t. XVII, 1, p. 11-46. DOI : 10.3917/ride.171.0011 p.14.

[61] *Le contenu et la portée économiques des règles de droit Application à la répartition des risques dans les contrats administratifs*, Rapport de recherche CNRS – Paris II, AUBY, KIRAT, MATY, VIDAL, Octobre 2003. p. 75.

[62] *Pour une théorie économique de l'imprévision en droit des contrats*, Bruno DEFFAINS, RTD Civ. 2010 p. 719.

Cette notion doit être entendue comme « *l'expression d'une texture ouverte des contrats, du fait du temps et de l'imprévisibilité du futur* »[63].

L'étude des théories de l'imprévision et de la force majeure se propose d'aborder la manière dont le droit s'approprie l'imprévisibilité de certains risques et les solutions qu'il agence. Il s'agit de mettre en exergue les liens entre ces théories juridiques et l'économie des risques.

B. La théorie de l'imprévision et l'économie des risques

L'imprévision est une théorie prétorienne consacrée par le Conseil d'État dans son arrêt Compagnie générale d'éclairage de Bordeaux [64]. Elle s'applique en cas de bouleversement de l'économie du contrat, lequel doit être imputable à un évènement extérieur aux parties. En l'espèce, il s'agissait de la guerre durant laquelle les prix du gaz avaient augmenté. Sur le fondement de cette théorie, une indemnisation peut être versée au titulaire du contrat par la personne publique afin que la continuité du service soit assurée en dépit des difficultés qu'il rencontre. Cette exigence de continuité du service public est propre aux contrats publics. Elle n'existe pas dans les contrats de droit privé, d'où le refoulement de la théorie de l'imprévision par la jurisprudence civile au XIXe siècle[65]. En outre, l'indemnisation ne couvre jamais la totalité du surcoût engendré : le juge part du postulat que

---

[63] *L'allocation des risques dans les contrats : de l'économie des contrats « incomplets » à la pratique des contrats administratifs* », Thierry KIRAT, Revue internationale de droit économique, 2003/1 t. XVII, 1, p. 11-46. DOI : 10.3917/ride.171.0011 p. 13.

[64] CE, 30 mars 1916.

[65] Cour de Cassation, 6 mars 1876, Canal de Craponne.

le cocontractant intègre toujours un aléa dans ses prévisions[66].

Cette théorie est éminemment liée à l'économie des risques. Ce faisant, elle en montre l'intérêt. L'économie des risques trace en effet les frontières de la théorie de l'imprévision. Alors que la jurisprudence admet que l'évènement à l'origine du bouleversement puisse avoir une nature variable (économique, naturelle, politique, juridique), son caractère imprévisible est déterminant pour les juges. Le Conseil d'État a refusé d'appliquer cette théorie dans le cas d'espèce où une augmentation du prix du pétrole rendait l'exécution du contrat plus onéreuse pour l'une des parties. La Haute juridiction a rejeté le caractère imprévisible de cet évènement que le conflit au Proche-Orient pouvait laisser présager[67]. Le juge administratif est donc particulièrement sensible aux problématiques de prédictibilité de certains risques.

Le critère central requis pour l'application de la théorie de l'imprévision est l'imprévisibilité de l'évènement à l'origine d'un bouleversement économique, et ce au moment de la signature du contrat. Or, nous l'avons vu, le risque se distingue de l'incertitude par le fait qu'il est prévisible. Une analyse préalable aura pour objet : de saisir le périmètre de risques dans lequel le projet s'inscrit ; de réduire le champ d'application de la théorie de l'imprévision, ce qui constitue un gage de bonne exécution et de « bancabilité » du contrat.

L'exigence du caractère extérieur de l'évènement à l'origine du bouleversement induit qu'il existe des liens ténus entre théorie de l'imprévision et économie des risques. Cette

---

66 *Droit des contrats publics*, Francois LICHERE, Dalloz Mémentos, 2005 p. 97.

67 CE, 29 avril 1981, Bernard.

dernière emporte un recensement des risques qui gravitent autour d'un contrat. Elle ne se limite pas aux risques purement opérationnels sur lesquels les parties exercent un contrôle. Elle s'intéresse à tout risque extérieur aux parties, notamment contextuel, de nature à entraver la bonne exécution du contrat.

Cette théorie exige la satisfaction d'une dernière condition : celle d'un évènement entraînant le bouleversement de l'économie du contrat. Ce bouleversement doit être provisoire et non définitif, auquel cas il entraînerait l'application de la théorie de la force majeure. Il n'existe pas de définition du « bouleversement économique »[68]. Cependant la jurisprudence a pu préciser ce qui n'était pas constitutif d'un bouleversement économique : une diminution, voire une suppression du bénéfice d'un délégataire, par exemple ou une charge supplémentaire de 3% du montant du contrat[69]. L'élément central sur lequel se fonde le juge réside dans l'apparition de difficultés sérieuses en cours de contrat, conséquence directe de l'évènement extérieur et imprévisible, rendant son exécution plus onéreuse.

L'imprévision est rarement admise par les juridictions administratives[70]. En dépit d'une circulaire datant de 1974[71], aucun texte ne lie le juge pour son application. La circulaire de 1974 reprend les trois critères cumulatifs que nous avons traités ci-dessus (à savoir, le caractère non raisonnablement

---

[68] *Pour une théorie économique de l'imprévision en droit des contrats*, Bruno DEFFAINS, RTD Civ. 2010 p. 719.

[69] CE, 30 novembre 1990, Sté Coignet.

[70] *L'allocation des risques dans les contrats : de l'économie des contrats « incomplets » à la pratique des contrats administratifs* », Thierry KIRAT, Revue internationale de droit économique, 2003/1 t. XVII, 1, p. 11-46. DOI : 10.3917/ride.171.0011 p. 22.

[71] J.O. du 30 novembre 1974, p. 11971.

prévisible de l'événement perturbateur, le fait que cet événement soit indépendant de la volonté du titulaire et se soit imposé à lui, enfin le fait que l'événement ait occasionné des charges supplémentaires, extracontractuelles, entraînant le bouleversement de l'économie du contrat). L'application de cette théorie est laissée à l'entière discrétion du juge, elle-même synonyme d'incertitude et d'insécurité juridique. Il est dans l'intérêt des parties d'un contrat public de ne pas négliger les rudiments de l'économie des risques, par la conduite d'une analyse des risques la plus rigoureuse possible.

C. La Force Majeure et l'économie des risques

1. La force majeure traditionnelle

La force traditionnelle est une cause étrangère exonératoire de responsabilité. Elle justifie une inexécution contractuelle si elle satisfait à trois éléments constitutifs : résulter d'un évènement extérieur aux parties, lequel doit être imprévisible dans sa survenance (au moment de la signature du contrat) et irrésistible dans ses effets. L'évènement doit rendre l'exécution du contrat matériellement impossible. Le plus souvent, il s'agit de phénomènes naturels exceptionnels telles que des pluies qui : « *à raison de leur violence et de leur intensité exceptionnelles et imprévisibles par rapport à tous les précédents connus dans la région [prennent] le caractère d'un évènement de force majeure* »[72].

L'application de la théorie de la force majeure par le juge administratif emporte des conséquences susceptibles de pénaliser l'une des parties au contrat. Elle peut entraîner le paiement d'indemnités en faveur du cocontractant de la per-

---

[72] CE, 23 janvier 1981, Ville de Vierzon.

sonne publique[73], voire rendre impossible sa déchéance.[74] A contrario, négliger la phase préalable d'analyse des risques expose le cocontractant de la personne publique à une possible déchéance en cas d'importantes difficultés rendant impossible l'exécution du contrat[75]. Une analyse rigoureuse des risques permet de s'émanciper au mieux de l'incertitude résultant de la force majeure, pour laquelle le juge teste l'imprévisibilité de l'évènement invoqué ou de ses effets.

2. La force majeure administrative

La théorie de la force majeure administrative se distingue de la force majeure traditionnelle par sa promiscuité avec la théorie de l'imprévision. Elle produit cependant les mêmes effets. Elle peut ainsi permettre la résiliation juridictionnelle du contrat à la demande des parties[76]. Une imprévision caractérisée peut donner lieu à l'application de la théorie de la force majeure administrative, si « *le bouleversement économique* » identifié n'est plus provisoire mais devient permanent. Le premier test opéré par le juge pour l'application de la théorie de la force majeure administrative consiste à identifier la situation d'imprévision et non les trois critères cumulatifs requis pour la force majeure traditionnelle.

D. Les sujétions imprévues

Il convient d'aborder la théorie des sujétions imprévues qui se trouve à la croisée des théories de l'imprévision et de

---

[73] CE, 11 décembre 1991 ; Sonexa.

[74] CE, 19 octobre 2001, Syndicat Intercommunal du Guzet-Neige

[75] Ibidem, raisonnement a contrario.

[76] CE, 9 décembre 1932, Cie des Tramways de Cherbourg.

la force majeure. Il s'agit de la première théorie prétorienne ayant justifié une adaptation contractuelle en cours d'exécution[77]. Ces sujétions sont invoquées en matière de travaux et peuvent se définir comme des « *difficultés matérielles rencontrées lors de l'exécution du marché présentant un caractère exceptionnel, imprévisible lors de la conclusion du contrat et dont la cause est extérieure aux parties* »[78]. Il s'agit classiquement d'intempéries exceptionnelles ou d'un sous-sol exceptionnellement dur à pénétrer. Ces difficultés conduisent le cocontractant de la personne publique à supporter des surcoûts lors de la phase des travaux, sans rendre l'exécution du contrat impossible sinon plus onéreuse. L'application de cette théorie par le juge oblige la personne publique à indemniser intégralement le titulaire du contrat du surcoût qu'il a supporté, ce qui revient à réviser à la hausse le prix du contrat en cours d'exécution. Cette indemnisation intégrale distingue la théorie des sujétions imprévues de la théorie de l'imprévision qui n'admet qu'une indemnisation partielle.

Là encore, le juge procédera au test de l'imprévisibilité qui susceptible de mettre en lumière la négligence des parties dans leur analyse des risques. Les deux parties ont intérêt à considérer avec beaucoup d'attention les risques naturels et géologiques qui peuvent avoir un impact colossal sur le coût final d'un projet : la personne publique risque d'en pâtir en cours de contrat, puisque le candidat qu'elle aura retenu ne sera peut- être plus le plus compétitif après la révision du prix du contrat ; le titulaire du contrat quant à lui s'expose à supporter, sans pouvoir être indemnisé, une dérive significa-

---

[77] *Droit des contrats publics*, Francois LICHERE, Dalloz Mémentos, 2005 p. 95.

[78] CE, 30 Juillet 2003, Cne de Lens.

tive de ses coûts lors de la phase travaux, au cours de laquelle les fonds propres constituent généralement une source de financement importante.

TITRE 2

LE RISQUE AU CŒUR DE L'ACTION PUBLIQUE

CHAPITRE 1

La montée de la sensibilité publique face au risque

I. La diffusion du risque

A. La prolifération des risques

D'après le sociologue Patrick-Peretti-Watel, le « *propre du risque est de proliférer* »[79]. Nos sociétés actuelles seraient exposées à une « mise à risque » sous l'effet conjugué de plusieurs phénomènes. Tout d'abord, sous l'effet d'une prolifération verbale du risque, bien que dénuée d'une compréhension des risques et réduite à une simple identification de facteurs de risques. Cette tendance met en exergue le paradoxe entourant la notion de risque qui « *conçue initialement comme un outil de réduction de l'incertitude* » tendrait à « *fabriquer du danger, à rendre toujours plus risqué un monde qui pourtant semble devenir plus sûr* »[80]. L'inflation du risque dans nos sociétés est entretenue par des crises majeures fréquentes : le risque sanitaire matérialisé par l'affaire de la vache folle ESB et celle du sang

---

[79] *La société du risque*, Patrick-PERETTI-WATEL, La Découverte, Coll. « Repères », 2010 p. 14.

[80] *La société du risque*, Patrick-PERETTI-WATEL, La Découverte, Coll. « Repères », 2010 p. 6.

contaminé, le risque nucléaire par la catastrophe d'AZF ou plus récemment celle de Fukushima, les risques naturels par les inondations fréquentes, telle celle qui a frappé la Côte d'Azur en 2015, la canicule de 2002 ou la tempête de 1999.

La culture du risque est également confortée par l'« assurantialisation » des sociétés du XXe siècle (vieillesse, pauvreté, invalidité) et le développement de l'État Providence. Le recours croissant aux assurances témoigne du désir de confort des agents économiques dans une société où les risques sont toujours plus nombreux.

Le sociologue Beck soutient que le risque est au cœur de l'activité humaine[81]. La production de richesses et le progrès sont porteurs de risques. Le spectre du risque s'est élargi avec la multiplication des risques dits imperceptibles, lesquels se caractérisent par la difficile détermination de leur probabilité d'occurrence et de leurs effets dans le temps.

A ces risques imperceptibles s'agrègent les risques dits « incompressibles »[82] et « inassurables »[83], à l'origine d'une inflation législative dans les années 1980-1990. L'irréversibilité de ces risques (naturels et technologiques) difficilement prévisibles ne sont pas assurables tant leur effet

---

[81] Andràs November and Valérie November, « Risque, assurance et irréversibilité », *Revue européenne des sciences sociales* [Online], XLII-130 | 2004, Online since 13 November 2009, connection on 29 July 2012. URL : http://ress.revues.org/475 ; DOI : 10.4000/ress.475.

[82] Andràs November and Valérie November, « Risque, assurance et irréversibilité », *Revue européenne des sciences sociales* [Online], XLII-130 | 2004, Online since 13 November 2009, connection on 29 July 2012. URL : http://ress.revues.org/475 ; DOI : 10.4000/ress.475.

[83] Andràs November and Valérie November, « Risque, assurance et irréversibilité », *Revue européenne des sciences sociales* [Online], XLII-130 | 2004, Online since 13 November 2009, connection on 29 July 2012. URL : http://ress.revues.org/475 ; DOI : 10.4000/ress.475.

multiplicateur dépasse la capacité financière des assurances. Ainsi, irait-on vers une société « sans assurance »[84]. Le principe de précaution s'inscrit dans ce mouvement. Admis comme un élément structurant de notre société du risque, il servirait d'articulation dans les relations risque-assurance.

B. L'institutionnalisation du principe de précaution

Le principe de précaution a fait l'objet d'acceptions successives. Toutes les définitions insistent sur l'idée, exprimée en termes différents au fil de cette évolution sémantique, d'une absence de certitude quant aux conséquences d'un risque. Selon ce principe, cette incertitude ne doit pas « *servir de prétexte pour remettre à plus tard l'adoption de mesures effectives visant à prévenir la dégradation de l'environnement...* »[85].

L'article 5 de la Charte de l'environnement de 2005 renforce ce principe en faisant peser sur les autorités publiques une obligation de « *mise en œuvre de procédures d'évaluation des risques et [d'] adoption de mesures provisoires et proportionnées afin de parer à la réalisation du dommage* »[86]. Depuis l'entrée en vigueur de la loi constitutionnelle n° 2005-205 du 1er mars 2005, la charte de l'Environnement fait partie du bloc de

[84] Andràs November and Valérie November, « Risque, assurance et irréversibilité », *Revue européenne des sciences sociales* [Online], XLII-130 | 2004, Online since 13 November 2009, connection on 29 July 2012. URL : http://ress.revues.org/475 ; DOI : 10.4000/ress.475.

[85] Conférence sur la diversité biologique de Rio (1992). La loi n° 95/101 du 2 février 1995, dite loi Barnier sur le renforcement de la protection de l'environnement emploie des termes similaires en y agrégeant un élément de nature économique : « l'absence de certitudes (...) ne doit pas retarder l'adoption de mesures visant à prévenir un risque de dommages graves et irréversibles à l'environnement à un coût économiquement acceptable ».

[86] Cette définition est entérinée dans le vocabulaire de l'environnement du journal officiel du 12 avril 2009.

constitutionnalité. Le principe de précaution qui figure à son article 5 revêt une valeur constitutionnelle.

Le principe de précaution est tangible dans le domaine de l'environnement (OGM, protection d'espèces végétales et animales, protection des zones de captage des eaux...) et dans celui de la santé publique (sang contaminé, vache folle, amiante...). Ce principe a un impact sur l'action publique en ce qu'il impose un devoir aux autorités publiques. Il produit des effets en amont de la décision publique.

La constitutionnalisation de ce principe oblige les pouvoirs publics à sortir de l'attitude attentiste qu'ils avaient adoptée face à aux risques touchant l'environnement et la santé. Il touche à la légitimité même de l'action publique en montrant les faiblesses de décisions qui ne peuvent plus être basées uniquement sur une approche scientifique et technique. Il oriente la production des politiques publiques et permet l'émergence d'un débat visant à créer de l'acceptabilité. Cette évolution s'inscrit dans la gouvernance qui implique l'association de différents acteurs, dont la société civile, pour la prise de décisions publiques.

Au regard de ces considérations, le principe de précaution s'analyse comme une contrainte pour les autorités publiques puisqu'elles ne peuvent plus prendre des décisions de manière discrétionnaire, sauf à être en mesure de prouver l'absence de risque. Cette contrainte se traduit concrètement par une modification des organigrammes des administrations : elles se doivent désormais d'intégrer en leur sein des procédures d'évaluation pour la prévision des risques majeures.

II. Un nouveau paradigme de gestion du risque

A. La création d'agences nationales

Des agences administratives de prévention et de gestion du risque ont été créées, notamment sous l'effet conjugué de l'émergence du principe de précaution et l'évaluation des politiques publiques. Entités administratives parallèles, elles ont deux fonctions distinctes : l'évaluation des risques et la gestion des risques.

1. La création de l'IVS (Institut de Veille sanitaire)

L'IVS est un établissement public placé sous la tutelle du ministère de la Santé. Il a été créé par la loi du 1er juillet 1998 relative au renforcement de la veille sanitaire et du contrôle de la sécurité sanitaire des produits destinés à l'homme. Il réunit des missions de surveillance, de vigilance et d'alerte dans tous les domaines de la santé publique. La loi du 9 août 2004 relative à la santé publique renforce ses missions pour répondre à l'apparition de nouveaux risques.

L'institut a quatre missions principales :

- la surveillance et l'observation permanentes de l'état de santé de la population ;
- la veille et la vigilance sanitaires ;
- l'alerte sanitaire ;
- une contribution à la gestion des risques sanitaires.

L'IVS dispose également de dix-sept relais au niveau régional via l'existence de cellules interrégionales d'épidémiologie chapeautées par l'IVS. Elles ont pour mission principale d'aider à la prise de décision et d'activer le déclenchement de l'alerte en cas de risque sanitaire. Elles sont également investies d'une mission d'animation, de structuration et de coordination du réseau régional de veille sanitaire.

2. L'ANSES (Agence Nationale de sécurité sanitaire de l'alimentation, de l'environnement et du travail), anciennement AFSSAS.

Cet établissement public est rattaché aux ministères de la santé, de l'agriculture, de l'environnement, du travail et de la consommation. Il a été créé le 1er Juillet 2010 à la suite de la fusion de l'AFSSA (Agence française de sécurité sanitaire des aliments) et de l'AFSSET (Agence française de sécurité sanitaire de l'environnement). Des comités d'experts interviennent au niveau de l'évaluation et de la gestion des risques. Cette agence informe les autorités, émet des recommandations et des rapports. Elle travaille en étroite collaboration avec ses homologues européens.

B. Le déploiement d'un arsenal législatif

1. Exemple 1 : Le risque industriel majeur

Il existe depuis 1976[87] une législation sur les installations classées afin de nous prémunir contre les risques industriels majeurs. Depuis l'ordonnance du 11 juin 2009, les Installations Classées pour la Protection de l'environnement (ICPE) sont divisées en trois catégories qui correspondent à une gradation en termes de risque de pollution et de dangerosité : les installations soumises à déclaration (les moins polluantes et dangereuses), les installations soumises à autorisation et les installations de type SEVESO. La législation encadrant

[87] Loi n°76-663 du 19 juillet 1976 relative aux installations classées pour la protection de l'environnement.

les installations de type SEVESO est la plus illustrative en termes de contraintes de gestion des risques.

Les installations de type SEVESO[88] sont définies comme des installations étant susceptibles de créer, par danger d'explosion ou d'émanation de produits nocifs, des risques très importants pour la santé ou la sécurité des populations voisines et pour l'environnement. L'identification de ces sites industriels présentant des risques d'accidents majeurs est imposée par la directive « SEVESO » 96/82/CE édictée après la catastrophe de 1976, dite de SEVESO, intervenue en Italie.

L'exploitant d'une installation SEVESO doit établir un système de gestion de sécurité comprenant :

- une description de l'organisation et les fonctions des personnels ;
- l'identification et l'évaluation des risques d'accidents majeurs ;
- une description de l'exploitation des installations dans des conditions de sécurité maximum.

L'exploitant doit s'engager sur des objectifs de prévention des risques majeurs. Il a pour obligation d'élaborer et tenir à la disposition de l'Inspection des Installations Classées un document de « Politique de Prévention des Accidents Majeurs » (PPAM)[89].

2. Le risque d'inondation

La loi Grenelle II modifie le régime juridique du plan de prévention des risques naturels prévisibles. Elle fixe de nou-

---

88 Article L 515-8 du Code de l'environnement.

89 Arrêté du 10 mai 2000 modifié, JO, 20 juin 2000.

velles règles en transposant dans notre code de l'environnement la directive 2007/60/CE du 23 octobre 2007 relative à l'évaluation et à la gestion des risques d'inondation.

Ainsi selon l'article 221 de la loi Grenelle II : « *l'évaluation et la gestion des risques d'inondation visent à réduire les conséquences négatives potentielles associées aux inondations pour la santé humaine, l'environnement, les biens, dont le patrimoine culturel et l'activité économique dans un objectif de compétitivité, d'attractivité, et d'aménagement durable des territoires exposés à l'inondation.* ». Chaque collectivité territoriale compétente doit procéder à une évaluation préliminaire de la gestion des risques d'inondation sur son territoire. Cette première évaluation est complétée par l'élaboration d'une stratégie nationale de gestion des risques. L'association de ces démarches permet d'identifier les territoires sur lesquels il existe un risque important d'inondation. Ces territoires repérés, les collectivités territoriales compétentes doivent mettre en place un Plan de Gestion des Risques d'Inondation (PGRI).

CHAPITRE 2

L'intégration du risque dans les politiques publiques territoriales

I. L'assimilation du risque par les décideurs

A. La négation du risque par la planification

La planification intervient en France dans la période de l'après-guerre. Elle vise à relancer la croissance de l'Etat. On pense à l'époque que la modernisation de l'économie passe par une réforme de l'Etat. Est ainsi crée le Commissariat Général du plan en janvier 1946, dont la mission est de « *dégager les priorités économiques et à concentrer les moyens de l'Etat sur quelques secteurs clés* »[90]. Le Fonds de modernisation et d'équipement est créé pour honorer cette mission. Cette entité analyse et valide les projets d'investissements nationaux. Ce fonds a favorisé des investissements colossaux dans des secteurs clés tels que l'énergie et les transports. Cette approche française planificatrice nie cependant le risque. Les décideurs ne font aucune analyse du risque qui reste un élément extérieur à la décision. On fixe simplement des objectifs en termes d'équipement.

---

[90] *Intervention économique de l'Etat*, Dominique HENRIET, André PIETTRE, Article universalis en ligne.

B. L'évaluation des politiques publiques face au risque

L'évaluation des politiques publiques a été importée des USA dans les années 1990, puis généralisée à toute la production actuelle de l'action publique. Elle se définit comme un mode d'analyse des décisions publiques qui, à force d'évaluations, peuvent être améliorées. Le décret du 18 novembre 1998 la conçoit en ces termes : « L'*évaluation d'une politique publique consiste à comparer ses résultats aux moyens qu'elle met en œuvre, qu'ils soient juridiques, administratifs ou financiers, et aux objectifs initialement fixés. Elle se distingue du contrôle et du travail d'inspection en ce qu'elle doit aboutir à un jugement partagé sur l'efficacité de cette politique et non à la simple vérification du respect de normes administratives ou techniques* »[91].

L'évaluation des politiques publiques se caractérise par la fixation d'objectifs de performance et par la réalisation d'un contrefactuel. Cet outil d'aide à la décision publique est neutre face au risque, quand bien même il intègre la notion de performance.

C. Prévision et prospectives

C'est par le développement de la prospective que les décideurs ont intégré la notion de risque, notamment en envisageant des scénarios alternatifs en amont de la prise de décision. Gaston Berger, figure emblématique du courant prospectiviste en France, en justifie l'intérêt par la nécessité de rompre *« avec la tendance persistante à prendre des décisions en se référant à un contexte supposé immuable* »[92]. La prospective se conçoit comme le passage d'une approche instinctive « *à une*

---

[91] Décret du 18 novembre 1998.

[92] La prospective, Thierry Gaudin, Que Sais-Je? Edition 2005 p.4.

vision plus travaillée, en faisant appel à une documentation, en recueillant des avis pertinents, puis en élaborant, en général à plusieurs, des représentations de différents avenirs possibles » [93] La prospective a le vent en poupe en France dans les années 1960, époque à laquelle on souhaite *« hâter le passage d'une France rurale à une France urbaine, industrielle et ouverte à l'international »*[94]. En 1957, Gaston Berger créée le Centre international de prospective qui ouvre la première étape de son institutionnalisation. Nommé commissaire Général au Plan en 1959, Pierre Massé en fait la promotion.

L'approche prospectiviste est adoptée au sein de la Délégation à l'aménagement du territoire (DATAR) créée en 1963 et qui se présente encore aujourd'hui comme l' « *un des foyers de la prospective en France* »[95]. Elle commande une étude titrée « *Le Scénario de l'inacceptable. Une image de la France de l'an 2000* » qui paraît en 1971 et qui marque l'histoire de la prospective. Cette étude avait pour ambition « *d'éclairer l'Etat souverain et d'accompagner son action. Dans ce cadre, le but est avant tout de provoquer une prise de conscience des inégalités territoriales générées par le boom économique des Trente Glorieuses pour faire émerger une volonté politique à même de rééquilibrer la France* ». Pour ce faire, la prospective élabore un « scénario repoussoir » qui anticipe des conséquences socio-économiques de long terme. Cette étude a permis une prise de conscience par les décideurs quant aux enjeux futurs et a influencé le Schéma général d'aménagement de la France de l'époque.

---

93 La prospective, Thierry Gaudin, Que Sais-Je? Edition 2005 p.3.

94 La prospective, Thierry Gaudin, Que Sais-Je? Edition 2005 p.17.

95 http://territoires2040.datar.gouv.fr/spip.php?article42.

II. Une décentralisation porteuse de risques

A. De nouveaux foyers de risque : l'effet d'échelle

La décentralisation, en transférant de nouvelles compétences aux collectivités territoriales, a créée de nouveaux domaines de risques. Le risque varie en fonction de l'entité qui le porte. L'optimalité du partage des risques, qui caractérise les partenariats public-privé, est effective s'il est réalisé en fonction des capacités de maîtrise de chaque acteur. Ceci est également vrai pour les collectivités. Le risque varie en fonction de l'échelle de production des politiques publiques et du profil des collectivités. Ainsi, un projet de faible envergure mené à l'échelon national peut ne représenter que de faibles risques alors que, par effet d'échelle, ce même projet pourra s'avérer très risqué s'il est mené par une collectivité territoriale de petite taille. Le risque de soutenabilité peut se démultiplier si le projet en question est poursuivi au niveau local.

B. Le défi de l'ingénierie territoriale

La décentralisation s'est traduite par un transfert de compétences, mais celui-ci n'a pas été immédiat. Des collectivités ont été contraintes de mener des projets dans des domaines qu'elles n'avaient jamais explorés. Certaines ont donc pâti d'une carence en connaissances techniques. Les transferts de compétences induits par la décentralisation n'ont pas toujours été accompagnés de transferts des moyens correspondants, ce qui n'a pas été sans causer des disparités profondes entre les territoires. De plus, certains territoires sont désavantagés car ils présentent un profil particulièrement exposé aux risques. Chaque collectivité doit manager son territoire, avec les avantages et inconvénients qu'il recèle, et ceci à la mesure de ses moyens. C'est pourquoi l'on parle de « défi » de l'ingénierie territoriale. Ces disparités conduisent à apprécier « *in concreto* » la complexité, critère alternatif d'éligibilité aux contrats de partenariat : elle se fait en fonction des moyens humains, juridiques, financiers et techniques de chaque collectivité. Les difficultés liées à ce défi de l'ingénierie territoriale peuvent être palliées par le recours à des expertises provenant du secteur privé.

III. Un nouveau moyen de gouvernance : les partenariats public-privé (PPP)[96]

A. Des compétences complémentaires

Le public et le privé ont des profils et des compétences qui se complètent, qui font synergie. Un travail commun de qualité permettra d'optimiser la production de biens publics. Les personnes publiques sont les entités compétentes pour mener à bien les projets qui répondent aux besoins des territoires. Il est essentiel de garder en mémoire que l'origine d'un contrat de Partenariat Public-privé prend corps dans un besoin de la personne publique, puis dans sa décision de monter un projet pour le satisfaire. La personne publique est également la plus à même de connaître les besoins des usagers (l'élaboration d'un programme fonctionnel la conduit souvent à interviewer des usagers pour identifier leurs besoins).

Les apports du secteur privé sont clairement identifiés : en nouant un partenariat avec lui, la personne publique profite de son savoir-faire, de son expertise et de sa capacité à innover. Dans le cadre du contrat de partenariat, le finance-

---

[96] Le terme « partenariat public-privé » sera utilisé au sens générique, internationalement reconnu, et non seulement au sens restrictif parfois employé en France.

ment fait également partie des missions endossées par le partenaire privé. Cela permet à la personne publique, qui doit agir sous contrainte budgétaire et selon un budget annuel plafonné, de lisser ses dépenses et de mener ainsi plusieurs projets à la fois. Ce lissage de la dépense publique, rendu possible par le partenariat public-privé, permet de démultiplier les avantages socioéconomiques qu'il produit.

B. L'externalisation de l'action publique

Cette complémentarité entre les secteurs public et privé soutient le développement des partenariats public-privé, ce qui, in fine, se traduit par une externalisation de l'action publique. On entend par externalisation le fait de déléguer une partie des obligations de la personne publique à un partenaire privé. Cette externalisation varie en fonction des différentes formes de PPP dont le cadre de gestion induit une répartition spécifique des risques. Il convient d'établir un distinguo entre l'externalisation et la privatisation de l'action publique qui sont deux notions recouvrant des réalités différentes.

Dans le cadre d'un PPP, la personne publique reste l'entité responsable du projet. Le recours au PPP résulte d'une décision de la personne publique qui souhaite satisfaire un besoin particulier. Le bien collectif au cœur du projet devient dans tous les cas sa propriété en fin de contrat. Le terme d'externalisation est plus pertinent que celui de privatisation puisque dans le cadre d'un PPP, le partenaire privé n'est pas livré à lui-même après l'obtention du contrat. La personne publique exerce un contrôle sur l'activité de son cocontractant, et ce sur la durée du projet : ainsi, dans le cadre d'une délégation de service public, le délégataire a l'obligation de communiquer à l'entité délégante un rapport annuel d'exploitation technique et financier.[97]. De plus, les contrats de PPP restent des contrats de droit public. Cette qualité permet à la personne publique de pouvoir exercer ses prérogatives de puissance publique (par exemple, la résiliation unilatérale du contrat est toujours possible) et impose au cocontractant d'assurer la continuité du service public quand bien même un bouleversement économique intervient en cours de contrat[98].

---

[97] *Partenariats public-privé : mode d'emploi juridique et approche économique*, IGD-Dexia, Octobre 2006. p.11-p.64.

[98] Voir Titre I Chapitre 2, III) B) La théorie de l'imprévision.

CHAPITRE 3

Le contrat : un vecteur pour l'action publique

I. Le miroir de l'action publiques

A. L'orientation des contrats publics

Le contrat ouvre à la personne publique la possibilité d'investir de nouveaux domaines. Cela est particulièrement vrai pour les collectivités territoriales qui se sont vu transférer de nouvelles compétences avec le processus de décentralisation. Le contrat est un outil capable de couvrir le champ des compétences relevant de la responsabilité des collectivités territoriales ou de l'Etat, que la gestion en régie ne permettrait pas d'assurer.

La jurisprudence identifie le contrat public, lorsqu'il n'est pas défini comme administratif par détermination de la loi, par la réunion d'un critère organique et d'un critère matériel. Le premier exige que l'une des parties au contrat soit une personne publique. Le second impose la réalisation d'un critère matériel rendu possible :

- par l'existence d'un lien privilégié entre le contrat et une mission de service public[99] ;

---

[99] CE, Bertin, 20 avril 1956.

– ou par l'existence de clauses exorbitantes du droit commun dans le contrat[100] ;
– ou par sa soumission à un régime exorbitant du droit privé[101].

Les clauses exorbitantes récurrentes dans les contrats administratifs sont celles qui reproduisent les règles générales applicables aux contrats administratifs telles que : la clause conférant un pouvoir de contrôle et de direction à l'Administration[102], celle conférant un pouvoir de résiliation unilatérale à la personne publique[103], et enfin toute clause conférant un pouvoir de modification unilatérale à la personne publique.

Ce caractère exorbitant semble générer un déséquilibre au profit de la personne publique. L'intérêt général que doit servir la personne publique le justifie. On comprend ainsi la vocation première des contrats administratifs, qui sont des vecteurs d'action publique. Ils soutiennent simultanément des projets dans toutes sortes de secteurs afin de satisfaire l'intérêt le plus général. Ces « privilèges » accordés aux personnes publiques par le droit administratif en matière contractuelle sont néanmoins contrebalancés par un phénomène qu'elles maîtrisent mal : l'opportunisme contractuel.

---

[100] Société des granits porphyroïdes des Vosges" du 31 juillet 1912.

[101] Société d'exploitation électrique de la rivière du Sant" du 19 janvier 1973.

[102] T. confl., 20 avr. 1959, Sté nouvelle exploitation des plages, piscines et patinoires.

[103] T. confl., 22 oct. 2001, Sté BNP Paribas c/ UGAP.

B. L'opportunisme contractuel

L'efficacité des contrats publics trouve sa limite dans l'opportunisme contractuel, qui correspond au risque de sélection adverse [104]. Il se traduit par une asymétrie informationnelle au moment de la conclusion du contrat, au détriment de la personne publique. Celle-ci ne dispose pas de toutes les informations nécessaires pour un choix éclairé de son futur cocontractant, notamment en ce qui concerne sa fonction de production. Le recours au dialogue compétitif permet de réduire cet aléa. Il est obligatoire dans certains cas, par exemple lorsque le critère d'éligibilité choisi pour justifier le recours au contrat de partenariat est la complexité. Cette procédure de passation se distingue d' *« un simple oral de présentation. De ce fait, il doit véritablement déboucher sur un échange d'informations entre les partenaires potentiels et la personne publique qui devra réunir l'ensemble des personnes concernées. Les personnes publiques doivent veiller à envisager cet exercice comme une discussion, ce qui pourra requérir une certaine adaptation culturelle »*[105].

II. L'intégration du risque dans l'ingénierie contractuelle

A. Les dispositifs de lutte contre le risque

Le développement des partenariats public-privé a permis d'intégrer le risque dans l'ingénierie contractuelle. C'est tout l'intérêt que représentent l'économie des risques et son intégration par le juge (voir supra Titre 1 Chapitre 2).

---

[104] Cf. Titre 1) Chapitre 2) I) A).

[105] *Pratique des partenariats public-privé, Choisir, évaluer, monter et suivre son PPP*, François LICHERE et autres, 2ème édition, Litec professionnels, 2009 p. 163.

B. L'apparition du contrat de partenariat

Le contrat de partenariat a été introduit par l'ordonnance du 17 juin 2004. C'est un contrat administratif par détermination de la loi. Il se caractérise dans la mesure où :

- il confère une mission globale au partenaire privé : le financement (en tout ou en partie) d'ouvrages, d'équipements ou de biens immatériels nécessaires au service public, leur conception (en tout ou en partie), leur construction ou transformation, et leur maintenance ;
- la rémunération du cocontractant est affichée et doit l'inciter à la performance. Le partenaire privé est rémunéré selon un loyer qui est lui-même décomposé : loyer financier (intérêts de la dette du partenaire), loyer d'investissement (capital de la dette), loyer pour la maintenance du bien, loyer pour le gros entretien et le renouvellement…

Ces traits caractéristiques placent le risque au cœur du contrat de partenariat public-privé. L'étendue de la mission globale du titulaire du contrat conduit les parties prenantes à identifier les risques afférents aux engagements contractuels de même qu'à chiffrer leur coût. La phase de partage des risques est un élément essentiel du contrat de partenariat. Chronophage, cette étape est néanmoins cruciale, sinon indispensable. C'est l'optimalité du partage des risques d'un contrat de partenariat qui en justifie le recours et le prix[106].

---

106 Cf. Titre 5) Chapitre1) I).

C. La généralisation de l'évaluation préalable

L'évaluation préalable a été introduite en France par l'ordonnance du 17 juin 2004 créant le contrat de partenariat. La loi du 28 juillet 2008 a étendu le champ de l'évaluation préalable à d'autres partenariats public-privé (Autorisation d'Occupation Temporaire du domaine public (AOT), Bail Emphytéotique Hospitalier (BEH), Bail Emphytéotique Administratif (BEA)...). La Mission d'Appui aux partenariats public-privé (MAPPP) créée par décret du 19 octobre 2004, aujourd'hui rattachée au Directeur Général du Trésor Public, valide les rapports d'évaluation préalable et assiste les collectivités dans leur réalisation.

Le rapport d'évaluation préalable doit justifier le recours au contrat de partenariat (ou à l'un des contrats assimilés) selon les critères exigés par le législateur sur les fondements de performance et de « best value for money ». Il passe par une étude comparative du projet selon qu'il est porté en maîtrise d'ouvrage publique ou réalisé en partenariat public-privé (ou selon un autre mode d'externalisation). La construction du rapport d'évaluation préalable oblige la personne publique à affiner et étudier en profondeur son projet : la définition de ses besoins et de ses moyens, le contexte dans lequel le projet est réalisé, l'estimation du coût du projet selon les différentes formules contractuelles.

L'étendue des risques étudiés pour la réalisation d'un projet dépend du type de contrat envisagé. Chaque partenariat public-privé se distingue par la typologie et la répartition des risques qu'il induit. C'est d'ailleurs la répartition des risques intrinsèque à chaque projet qui en définit le mode de gestion et la qualification juridique. La démarche nouvelle que représente l'évaluation préalable permet une meilleure prise de conscience des risques par la personne publique.

TITRE 3

DONNER UN PRIX AU RISQUE

CHAPITRE 1

Un budget prévisionnel consolidé des risques, pour qui ? Pour quoi ?

I. Le mythe du scénario de référence

Le rapport sur le calcul du risque dans les investissements publics, publié par le Centre d'analyse stratégique en juin 2011, tire un constant alarmant : « *de manière générale, au-delà des discours sur le principe de précaution, la prise en compte effective des risques dans les études et les évaluations qui alimentent la décision reste insuffisante au regard des enjeux. L'absence de réflexion sérieuse sur ce point inflige à posteriori à la collectivité des coûts supplémentaires importants qui auraient pu être évités.* »[107]. Entamer une démarche de valorisation des risques réduit ces « coûts supplémentaires » en orientant les partenaires vers un partage éclairé et équilibré des risques. Elle sous-tend une facturation transparente et justifiée émanant du partenaire privé. La valorisation des risques passe en premier lieu par la construction d'un scénario de référence, entendu comme une chronique de flux monétaires ou monétarisés sans prise en compte des risques. La qualité de sa construction est essentielle : elle a un

---

107 *Le calcul du risque dans les investissements publics,* Centre d'analyse stratégique, Chapitre 1, p. 21.

impact direct sur la justesse de la valorisation et l'analyse des risques.

A. Les données à récolter

1. Le calendrier prévisionnel

Quel que soit le projet considéré, il doit être arrêté dans un calendrier qui s'articule autour de dates majeures, certaines d'ordre opérationnel (démarrage des travaux, mise à disposition des ouvrages, début de l'exploitation…), d'autres d'ordre juridique (date d'entrée en vigueur du contrat, date d'obtention des autorisations administratives, date de purge des recours, date de fin du contrat…), d'autres enfin d'ordre financier (date de cristallisation des taux de financement, maturité de la dette…). D'une manière générale, il s'aligne sur la durée d'amortissement économique du projet. Dans l'hypothèse où cette dernière est plus courte que la durée d'amortissement de l'ouvrage, une valeur résiduelle se dégage en fin de contrat, aussi appelée soulte.

Le calendrier balise le projet : chacun de ses repères marque une entrée ou sortie spéciale de trésorerie. Ainsi, l'enchaînement des phases constitutives du projet est essentiel. Dans le scénario de référence, on admet que toutes les hypothèses calendaires sont respectées. L'analyse économique du projet se doit d'articuler le calendrier opérationnel et le calendrier comptable. Sur un registre opérationnel, les solutions identifiées peuvent apparaître optimales, mais ne pas être soutenables sur un critère comptable. Ce sera en particulier le cas si la conduite des opérations fait apparaître un déficit durable de trésorerie, voire des capitaux propres négatifs. Le trait d'union entre le calendrier opérationnel et le calendrier comptable passe par les modalités de financement. Ainsi, les crédits de préfinancement assurent la liquidité de la société pendant la réalisation des travaux, quand les crédits de long terme viennent soutenir ou compléter les fonds propres tout au long de la vie du contrat, de sorte que les états comptables de la société restent conformes aux normes en vigueur.

2. Les dépenses et recettes escomptées : cash in-cash out

Le scénario de référence suppose également la définition d'un budget prévisionnel. On y répertorie les différentes dépenses (dont le chiffrage doit intégrer une indexation) et recettes générées par le projet, de même que la fiscalité et les subventions auxquelles le projet est éligible. La quantification des recettes peut être estimée par des modélisations économiques ou encore par des études de marché. L'évolution de la politique tarifaire doit également être examinée : il faut distinguer les cas où il y a une « liberté de tarification » des cas où il y a un contrôle. Il est alors possible de retenir l'inflation comme facteur d'évolution[108].

3. Les modalités de financement et leur coût

Le scénario de référence dresse également des hypothèses de financement. Il détermine le montant des crédits envisagés par le projet et les intérêts correspondants. Si le projet est porté par une société de projet, il envisage la répartition de son capital.

4. Les données fiscales

Les données fiscales (TVA, droits d'enregistrement, taxes foncières, taxe d'aménagement, impôt sur les sociétés,

[108] *Instruction cadre relative aux méthodes d'évaluation économique des grands projets d'infrastructures de transport*, p.20.

contribution économique territoriale…) applicables au projet sont recensées et intégrées dans la construction du scénario de référence.

B. Le diable se niche dans les détails : les données omises

Disposant d'une quantification des dépenses et recettes, des sources de financement, des règles fiscales applicables au cas d'espèce, un budget est établi sur la durée du projet. Pourtant, la production de ces simulations financières, fussent-elles complétées des états comptables (comptes de résultats, bilans, tableaux d'amortissement) peut s'avérer erronée en l'absence d'une réflexion approfondie sur l'ensemble des éléments contextuels – voire périphériques – susceptibles d'affecter l'économie du projet.

L'analyse des risques débute précisément à ce moment où, dotés d'une première simulation financière, les porteurs du projet prennent soin d'identifier des facteurs d'apparence connexe qui peuvent altérer significativement les équilibres opérationnels, juridiques ou financiers du projet. Il s'agit de cerner le périmètre complet dans lequel s'inscrit le projet et, dans cette démarche, de pointer tous les « détails » omis lors de la première simulation pour être capable d'apprécier leur incidence.

Ce type d'exercice est bien sûr propre à chaque projet, et il serait vain d'essayer de lister de façon générique les « données omises » lors de la réalisation des plans d'affaires. Notons toutefois que le spectre des paramètres omis s'élargit lorsque l'horizon temporel du projet s'approfondit : autant les premières années du projet peuvent faire l'objet d'une modélisation assez fidèle, autant la mécanique consistant à reproduire d'année en année le même schéma opérationnel et financier met de côté les multiples variantes et cheminements que le projet connaîtra de facto au fil du temps. Partant de ce constat, nous insisterons sur des omissions courantes qui découlent de cette difficulté à appréhender la temporalité du projet autrement qu'à travers la répétition à l'identique des premiers exercices comptables.

Quelques exemples peuvent être mis en exergue :

– les évolutions différenciées des charges et des recettes. Les plans d'affaires prévisionnels peuvent être chiffrés en euros constants (sans prise en compte de l'inflation) ou en euros courants (avec prise en compte de l'inflation). Si la seconde méthode est éminemment préférable sur des projets de longue durée – l'inflation, même de faible ampleur, présentant des conséquences exponentielles sur des maturités longues - elle reste caduque si le porteur du projet ne prend pas soin d'analyser finement les sources inflationnistes de façon propre à chaque poste de recettes et de dépenses. Ainsi, l'application mécanique d'un même taux d'inflation – qu'il s'agisse d'une moyenne rétropolée sur les dernières années, de la cible d'inflation de la BCE, de l'application d'une formule d'indexation validée dans le contrat - à la fois aux charges et aux recettes - ne conduit là encore qu'à prolonger les équilibres obtenus pendant les premières années du projet. Or, si l'inflation réelle sur les charges est, par exemple, plus soutenue que celle des recettes, un projet en apparence rentable en euros constants peut s'avérer déficitaire sur la durée une fois appliquée les bonnes formules d'indexation. Il faut de la sorte bien sérier les facteurs de coût (énergies, matières premières, main d'œuvre…) et identifier là où l'opérateur dispose d'une marge de manœuvre (mise à niveau des prix) et là où l'inflation sera pleinement subie ;

- les évolutions du contexte réglementaire, technologique ou concurrentiel : les budgets prévisionnels sont établis en fonction des conditions en vigueur au moment de la conception du projet. Les porteurs du projet ont tendance à extrapoler les conditions présentes de marché comme la référence pour les conditions à venir. Or, dans certains domaines d'activité, de telles hypothèses sont difficilement tenables : par exemple, dans des domaines où les technologies évoluent rapidement (à l'instar des projets publiques pour établir des infrastructures de télécommunication) ou lorsque la réglementation connaît des évolutions significatives (à l'instar des projets médico-sociaux pour réaliser des Etablissements d'Hébergement pour Personnes Agées Dépendantes (EHPAD). Dès lors, le « détail omis » vise à prendre en compte des coûts de mise à niveau complémentaires aux dépenses déjà budgétées ;
- les sorties de projet : dans des projets où l'amortissement économique est de longue durée (20 ans ou plus), la modélisation financière de sortie est souvent limitée au chiffrage d'un Gros Entretien Renouvellement (GER) réputé garantir une mise à niveau des ouvrages selon les termes contractuels retenus. Or, il convient certaines fois de budgéter des coûts spécifiques et exceptionnels. L'exemple le plus marquant porte sur des projets pour lesquels des coûts de démantèlement sont à envisager.

C. Les indicateurs servant d'étalon : résultat, VAN, TRI

Ces étalons concourent à la modélisation d'un scénario et mettent en relief les écarts de rentabilité dans la valorisation des risques. La modélisation présente plusieurs objectifs. Elle permet :

- le calcul des résultats pour chaque entité en euros courants ;
- d'établir les flux actualisés pour connaître la Valeur Actuelle Nette (VAN) du projet pour chaque entité ;
- d'examiner le coût consolidé du projet ;
- d'examiner la distribution de dividendes auprès des tiers investisseurs pour vérifier le niveau du Taux de Rentabilité Interne (TRI).

1. La VAN : « calcul de la valeur actuelle à une date déterminée d'une chronique de flux de trésorerie »

Le principe du calcul de la VAN vise à actualiser la série des soldes financiers générés par le projet année après année. La VAN peut ainsi s'appliquer à différents types de solde : dans une optique comptable, on prendra pour référence les résultats nets annuels de la société de projet ; dans une optique financière, les cash-flows nets annuels (ces derniers pouvant différer par exemple du seul fait de l'amortissement comptable) ; dans une optique d'investissement, les dividendes ou résultats distribués (ces derniers pouvant s'écarter des deux soldes précédemment cités selon la politique de distribution retenue par l'entreprise mais aussi selon les règles comptables en vigueur et la mise en réserve de résultats).

Il existe plusieurs types de Valeur Actuelle Nette (VAN)[109]. Il y en a une pour chaque acteur du projet : on procède alors à la somme actualisée des flux de trésorerie le concernant. Le taux utilisé est différent pour un partenaire public et pour un partenaire privé. Le taux d'actualisation utilisé pour le partenaire public est le taux auquel il se finance[110].

2. Le résultat et cumul des résultats

Le résultat correspond à la différence entre les cash in et les cash out à un moment T. Le cumul de résultats fait ressortir le montant excédentaire ou déficitaire à la fin d'un projet. Le résultat sert de référence dans la valorisation des risques : il saisit l'impact d'un risque sur le projet, grâce à la mesure de l'écart en termes de cash in - cash out, avant et après simulation du risque. L'impact sur les recettes peut être ventilé en fonction des différents investisseurs[111] (investisseur en capital, en obligations convertibles…). Le cumul de résultats permet par exemple d'estimer à partir de quel moment on va « éponger » les résultats négatifs générés dans un premier temps par le projet.

---

109 *Le financement des partenariats public-privé, Problématiques juridiques et financières, pratiques et enjeux*, PIGNON-XARDEL, MANOUKIAN, VITSE, Le Moniteur, 2010, p. 223.

110 *Le financement des partenariats public-privé, Problématiques juridiques et financières, pratiques et enjeux*, PIGNON-XARDEL, MANOUKIAN, VITSE, Le Moniteur, 2010, p. 224.

111 Démarche du rapport de valorisation des risques du projet ARCHADE.

3. TRI : le taux de rentabilité interne

Le TRI est utilisé comme un taux d'intérêt par les investisseurs. Il leur permet en effet d'exprimer la rémunération du capital social[112]. Le Mission d'appui aux PPP le définit comme « *le taux d'actualisation qui annule la valeur actuelle nette d'une chronique de flux financiers relatifs à un projet, avec un investissement initial suivi de cash-flows positifs correspondant aux dividendes* »[113]. Un projet d'investissement ne sera retenu que si son TRI prévisible est suffisamment supérieur au coût de la ressource financière, pour tenir compte notamment de la prime de risque propre au projet. L'écart de TRI observable suite à une comparaison avant/après simulation d'un risque correspond à la perte de rentabilité des actionnaires imputable au risque simulé. C'est ainsi que le risque est valorisé.

4. La VAN-Optimisée

La VAN, pourtant si répandue dans l'évaluation financière des projets publics comme privés, est en réalité une méthode simplifiée – et parfois simpliste – pour prendre en compte la valeur du temps sur des flux financiers futurs. Le calcul de la VAN ne respecte pas deux principes fondamentaux de la création de valeur : l'additivité des flux économiques et l'absence d'arbitrage.

L'évaluation d'un projet doit se faire (i) en ventilant les flux monétaires en composantes, correspondant aux diverses sources de risque, et (ii) en actualisant chaque composante à l'aide d'un taux spécifique. Plutôt que de « résumer » l'économie du projet à un solde qui est ensuite actualisé (méthode de la

---

112 Le financement des partenariats public-privé, Problématiques juridiques et financières, pratiques et enjeux, PIGNON-XARDEL, MANOUKIAN, VITSE, Le Moniteur, 2010p. 225.

113 Guide de la MAPPP, p. 179.

VAN), il faut remonter en amont dans les différentes composantes de cash in et cash out, puis actualiser chacune d'entre elles séparément, dès lors qu'elles présentent une exposition distincte aux aléas (méthode de la VAN-O).

L'approche de la VAN-O a été présentée par Boyer et Gravel (2006)[114]. Le présent ouvrage n'ayant pas vocation à détailler la théorie financière de la VAN et de la VAN-O, nous en proposons une lecture concise, visant à présenter la philosophie d'ensemble de la VAN-O, sans toutefois rentrer dans le détail des calculs et des diverses formules applicables.

Boyer et Gravel illustrent leur propos sur la comparaison entre deux projets d'exploitation gazière, présentant les mêmes soldes financiers mais des composantes différentes en termes de cash in et cash out. Dans le premier projet, les revenus annuels sont de 250 K$ et les coûts annuels de 150 K$. Dans le second projet, les revenus annuels sont de 500 K$ et les coûts annuels de 400 K$. Les deux projets présentant des soldes identiques, une approche par la VAN conclura à l'indifférence d'un investisseur pour prendre position sur l'un ou l'autre des projets.

L'approche par la VAN-O prendra en considération la variabilité propre de chaque série financière, les cash in d'une part, les cash out d'autre part. Si l'on suppose par exemple que les cash out sont ici fixes (par exemple des coûts d'investissement de type sunk costs) tandis que les revenus sont variables (par exemple du fait de la variation des prix à la vente), l'évaluation par la VAN-O donnera une appréciation plus favorable au premier projet qu'au second projet – le premier projet présentant une moindre variabilité du fait

114 Boyer M. Gravel E, *« Évaluation de projets : La valeur actualisée optimisée (VAN-O) »*, *Assurances et gestion des risques*, 74(2), juillet 2006, 163-185.

d'un ratio « charges + recettes / résultat attendu » plus réduit que dans le second projet.

La méthode de la VAN-O consiste à actualiser chaque composante séparément, avec un taux d'actualisation qui lui est propre et reflète son niveau de risque. La valeur du projet est obtenue en prenant la somme de chaque série actualisée. Reprenons l'exemple des projets gaziers. La méthode de la VAN visera à actualiser les flux selon un taux de référence, qui pourra être le taux de rendement attendu en moyenne sur ce secteur d'activité (prenons un taux de rendement de 12%). La VAN des deux projets sera de (250-150)/1,12 = (500-400)/1,12 = 89,3.

La méthode de la VAN-O va actualiser séparément : d'une part, les composantes de coût, avec un taux de référence propre (ici, un taux dit sans risque, puisque les coûts sont supposés connus et fixes de façon certaine : nous prendrons un taux de 4%) ; d'autre part, les composantes de recettes avec un autre taux de référence (ici, un taux reflétant le risque tarifaire réputé élevé sur les matières premières – nous prendrons un taux de 20%). Le premier projet présentera une VAN de 250/1,20 - 150/1,05 = 64 et le second projet une VAN de 500/1,20 - 400/1,05 = 32.

II. L'analyse du risque : derrière les chiffres, une approche qualitative

A. La valorisation des risques : schéma de référence et alternatif

La valorisation d'un risque consiste à prendre en compte sa sévérité entendue comme « *l'engagement financier qu'il représente lorsqu'il se réalise* » [115] (à savoir les conséquences

[115] *Rapport de valorisation des risques*, projet ARCHADE, p.4.

financières que sa réalisation entraîne) et sa probabilité d'occurrence. La monétarisation des risques est donc une combinaison de la gravité (ou sévérité) et de l'occurrence du risque. Ainsi, l'analyse des risques va consister en une mise en relief des « risques dits cachés » en schéma de maîtrise d'ouvrage publique.

Le principe de la valorisation des risques consiste tout d'abord à simuler le projet dans un scénario dit de référence, puis de le simuler dans un ou plusieurs scénarios alternatifs, dont la seule différence porte sur le paramètre d'intérêt incarnant le risque.[116] Cette démarche mesure la sensibilité des différents paramètres servant d'étalons et observe l'écart qui se dégage en termes de rentabilité avant la prise en compte du risque (scénario de référence) et après sa prise en compte (scénario alternatif).

L'écart calculé correspond à un « impact économique », c'est-à-dire l'impact sur les flux de décaissement d'un projet.[117] Celui-ci est calculé en valeur brute, sans la prise en compte de la valeur temps, et en valeur nette après actualisation. Le modélisateur cherche à connaître l'impact de la réalisation d'un scénario sur la rentabilité du projet. La traduction du risque en termes de rentabilité permet sa monétarisation, laquelle nécessite la construction d'un budget prévisionnel.

B. Les paramètres ou leviers du risque

Est considéré comme un risque tout changement contextuel, par rapport aux paramètres du scénario central, et ayant une répercussion effective sur le projet[118].

---

[116] Idem *supra*.

[117] Idem *supra*.

[118] Évaluation préalable CEA p.75.

Les paramètres intrinsèques au projet ont été étudiés. Il s'agit de prendre en compte tous les éléments contextuels qui pourraient s'écarter du scénario central, que ce soit dans ses dimensions techniques, économiques, institutionnelles, juridiques ou environnementales[119]. Afin de les déterminer, il convient au préalable de définir précisément les paramètres technico-économiques du projet tout en intégrant les fonctionnalités ou performances recherchées. Cette démarche présente l'intérêt de prendre en compte le plus grand nombre de cas de figure. Les paramètres les plus fréquemment étudiés sont :

- les risques liés à la conception-réalisation (retards, surcoûts de construction…) ;
- les risques liés aux charges courantes, à l'entretien et à la maintenance (dérives inflationnistes des charges, surcoûts de GER, non atteinte des engagements ou des exigences de performance, risque de vétusté, risque d'obsolescence, défaillance de l'acteur privé suivie d'une rupture anticipée…) ;
- les risques de financement et de taux : (évolution des taux longs et endettement bancaire ; évolution des taux courts et préfinancement…).

Il est possible de regrouper les risques en famille, par exemple en fonction des phases :

- phase de conception ;
- phase de réalisation ;
- phase d'exploitation.

[119] Évaluation préalable CEA.

Il est également possible de distinguer les risques de la manière suivante :

- risque temporaire / risque permanent ;
- risque externe / risque interne ;
- risque isolé / risque systémique.

C. Estimation de l'occurrence et de la sévérité du risque

Valoriser un risque revient à déterminer un montant correspondant au prix que serait prête à payer une compagnie d'assurance pour couvrir le risque. Cela nécessite, d'une part, de mesurer son occurrence et d'en estimer les conséquences et, d'autre part, de tenir compte de sa vraisemblance.

> Risque financier =
> « Coût du risque lorsqu'il se réalise » x « Chances de réalisation »
>
> Risque financier =
> Sévérité financière C(x) x Probabilité d'occurrence f(x)

1. L'occurrence

L'occurrence d'un risque est fonction de sa vraisemblance et de sa fréquence.

<u>a) La fréquence</u>

Elle correspond au nombre de fois où un événement se produit. A titre d'illustration, la norme EN 1441 relative à la méthode d'évaluation des risques liés aux dispositifs médicaux définit une échelle de fréquence d'apparition :

- Fréquent : le danger est constant ;
- Probable : l'incident peut se produire au moins 1 fois ;
- Occasionnel : l'incident pourra se produire au moins 1 fois ;
- Rare : l'incident peut-être se produirait au plus 1 fois ;
- Improbable : l'incident pourrait se produire mais il est inconnu ;
- Incroyable : la survenance d'un incident est invraisemblable dans l'état des connaissances du moment.

b) La vraisemblance

Elle correspond au nombre de fois où un événement se produit compte tenu d'une circonstance (notion de probabilité conditionnelle). La vraisemblance de l'occurrence d'un événement est directement liée à sa probabilité d'apparition. L'occurrence d'un risque peut être estimée par un recensement de l'occurrence de certains risques sur des projets analogues déjà exécutés, par des retours d'expérience, par les assurances, ou selon des dires d'experts. L'estimation de l'occurrence peut s'inscrire dans plusieurs types de scénarios : optimiste ou pessimiste.

Lors des dialogues compétitifs, la personne publique et la personne privée complètent l'analyse des risques en faisant part de leurs analyses respectives quant à la nature et la typologie du risque, les sources du risque, la probabilité du risque, les modalités de partage du risque et les actions préventives proposées.

2. La sévérité d'un risque

La sévérité d'un risque correspond à son impact financier. La mesure de la sévérité d'un risque permet sa monétarisation ; elle a pour finalité de lui donner un prix, après la mesure de son impact financier sur le projet. Pour l'analyse des risques, on retient seulement la sévérité des « risques aux impacts forts » en termes de coûts et délais. Il existe deux mesures complémentaires de la sévérité :

- la sévérité actualisée : à partir de la modélisation du schéma économique, il est possible de mesurer la valeur actualisée nette du projet. La sévérité actualisée du risque correspond à la variation de la VAN qu'il provoque : c'est la valeur présente d'un coût induit par un risque avéré à une date future.
- la sévérité instantanée : elle permet d'examiner la sévérité d'un risque sur chaque année. Elle détermine son l'impact sur les cash-flows et le niveau d'endettement des différents acteurs, afin de mettre en évidence d'éventuels « *effets de seuil* ». Un risque peut avoir un effet marginal sur la VAN, mais peser plus particulièrement sur une année du projet, où il réduira les liquidités dont dispose l'opérateur privé et pourra le mener à une situation de rupture.

CHAPITRE 2

Le risque, un élément structurant de la bancabilité du projet

Chaque projet présente un coût total que le cocontractant de la personne publique doit financer. Ce coût est aussi appelé besoin de financement[120]. Il correspond à la différence des emplois et des ressources de chaque projet. Pour le financer, le titulaire du contrat peut faire appel à des actionnaires et/ou contracter un prêt bancaire. Le « gearing » est le ratio qui mesure le rapport entre la quantité de fonds propres mobilisée par le titulaire du contrat sur le besoin de financement initial. Plus le gearing est petit, plus le montant de la dette senior bancaire est important.

Les établissements bancaires analysent les projets qu'on leur soumet : ils évaluent leur viabilité (référence à la dette en risque projet), mais également la solvabilité de leur client. Ces deux éléments sont deux foyers de risques. Les financiers n'adoptent pas une attitude neutre face aux risques. Ils exercent d'ailleurs un contrôle tout au long du projet, contrôle que l'on qualifie de « monitoring interne ». Ainsi, les

---

[120] Il varie en fonction des phases du projet : on parle de MAF en période de construction, de besoin de financement en période d'exploitation… cf. *Guide de la MAPPP.*

risques font l'objet d'une attention particulière de la part des établissements financiers et des actionnaires, ce qui nous permet d'affirmer que le risque est un élément structurant de la « bancabilité » du projet, entendue comme la capacité à attirer des investisseurs à des coûts intéressants. On se place ici du point de vue des financiers (actionnaires et banquiers seront distingués dans nos développements).

I. Le risque : la clé de lecture des financiers

A. Synthèse des risques et robustesse économique du projet : décision d'investir ou pas

La phase de valorisation des risques a mis en exergue la probabilité d'occurrence et la sévérité des risques identifiés pour un projet. La synthèse de ces risques appliquée au projet permet de saisir sa solidité économique, c'est-à-dire sa capacité à dégager des cash-flows positifs (à hauteur des espérances des parties prenantes au contrat) en dépit de tous les risques qui gravitent autour de son exécution. La valorisation des risques doit aussi favoriser la mise en place de mesures de prévention des risques, sinon de leur réduction dans l'hypothèse où ils se matérialiseraient. C'est sur l'appréciation de ces premiers éléments que les financiers vont baser leur décision d'investir.

B. Risque de non remboursement et formulation des primes de risques

1. Le cas du prêteur

Les pourvoyeurs de crédit vont, parmi d'autres éléments, concentrer leur analyse sur la répartition des risques qui a été décidée. Ils seront attentifs aux risques qui pèsent sur leur client, le partenaire privé. Ces risques assumés par leur débiteur sont en effet susceptibles de grever sa capacité de remboursement.

a) Le transfert de risque optimal selon le prêteur

Pour le prêteur, un transfert de risques optimal prend une signification particulière : c'est une répartition des risques qui préserve au mieux la rémunération du partenaire privé. Dans le cas d'un partenariat public-privé où le titulaire du contrat est rémunéré par des loyers, une répartition optimale des risques garantit l'intégrité des loyers perçus par son client. Le financier s'attachera à estimer dans quelle mesure la rémunération de son futur débiteur est susceptible d'être amputée par des surcoûts ou des pénalités. Ce contrôle est d'autant plus important lorsque le loyer est fixe et ne peut connaître d'« upside » (en dehors de certaines recettes de valorisation), comme c'est par exemple le cas pour le contrat de partenariat.

Dans l'hypothèse où des risques pèsent effectivement sur le débiteur, le prêteur s'attachera à vérifier s'il est possible d'en garantir la neutralité par l'application du « back to back », ou contrats miroirs. Ce principe consiste à répercuter les risques assumés par le titulaire du contrat principal aux contrats de sous-traitance qui y sont annexés (conception, construction, maintenance) : les pénalités ou surcoûts ne sont pas supportés par le titulaire du contrat principal.

Dans tous les cas, les financiers exigent des plafonds de responsabilité afin de limiter l'impact que les pénalités pourraient avoir sur la rémunération de leur client. La pénalisation du projet est aussi appréciée en fonction de la durée du contrat : ceci est particulièrement vrai en ce qui concerne le risque de retard dans la mise à disposition du bien par le titulaire du contrat. La matérialisation de ce risque est doublement pénalisante : en plus de déclencher l'application de sanctions financières à la charge du titulaire du contrat, elle retarde la période d'exploitation à partir de laquelle il commencera à être rémunéré. Le projet sera plus bancable aux yeux du prêteur si le contrat prévoit une durée fixe d'exploitation (qui commence à courir à partir de la mise à disposition du bien) plutôt qu'une durée fixe globale du contrat (en cas de livraison tardive, la durée d'exploitation sera amputée de la durée du retard[121].

La présence de certains risques a une incidence sur la date à partir de laquelle les tirages sur les crédits sont autorisés par les banques. Celles-ci n'acceptent en général de libérer des liquidités qu'une fois le projet purgé des délais de recours (que pourrait introduire un candidat évincé, menaçant de retarder le projet voire de l'annuler).

b) La cession de créance acceptée

En cas de cession de créance acceptée, la banque est assurée d'être remboursée car son débiteur n'est plus le titulaire du contrat mais la personne publique[122], laquelle est réputée plus solvable que la personne privée. L'article L 313-29-1 du Code Monétaire et Financier aménage le régime de la cession Dailly pour les contrats de partenariats public-privé. Elle offre au partenaire privé la possibilité de céder au prêteur une fraction de la créance qu'il détient sur la personne pu-

---

121 *Le financement des partenariats public-privé, Problématiques juridiques et financières, pratiques et enjeux*, PIGNON-XARDEL, MANOUKIAN, VITSE, Le Moniteur, 2010 p.219.

122 *Le financement des partenariats public-privé, Problématiques juridiques et financières, pratiques et enjeux*, PIGNON-XARDEL, MANOUKIAN, VITSE, Le Moniteur, 2010 p. 108.

blique (les loyers). Cette portion de la créance est appelée « dette cédée ». Les banques notifient à la personne publique que le paiement de cette fraction de loyer doit être effectué directement auprès du prêteur et lui demandent d'accepter cette cession de manière inconditionnelle et irrévocable. La dette levée sur la base de cette cession fait l'objet d'une marge bancaire reflétant le risque moindre que représente l'entité publique subrogée. La cession de créance est un gage de bancabilité, puisqu'elle se traduit par des marges bancaires moins onéreuses. En plus d'assurer au banquier qu'il sera remboursé directement et de manière inconditionnelle, indépendamment de la tournure que prendra l'exécution du contrat, la cession de créance affranchit des contraintes de ratios, de taille et de comptes de réserve auxquelles est soumise ordinairement la dette projet.

Le mécanisme de la cession de créance acceptée n'est effectif qu'à partir de la mise à disposition du bien, résultant de la constatation par la personne publique de sa conformité aux prescriptions contractuelles[123].

c) Le monitoring ou suivi exercé par le prêteur

Les prêteurs exigent d'être tenus informés de l'exécution du contrat. Des ratios de couverture permettent de mesurer la capacité du partenaire privé à respecter ses échéances bancaires en cours de projet[124]. Les plus courants sont l'ADSCR (Annual Debt Service Cover Ratio) et le LLCR (Loan Life Cover Ratio).

L'ADSCR mesure le rapport entre le flux de trésorerie produit sur une période (trimestre ou semestre)

---

[123] *Guide de la MAPPP*, p. 36.

[124] *Financement des PPP*, Le moniteur p. 229-235.

normalement disponible pour le service de la dette et le service de la dette sur cette période. Il doit strictement être supérieur à 1 ; dans le cas contraire, il indique que le flux de trésorerie disponible est insuffisant pour payer la dette et les intérêts[125]. Un ratio inférieur à 1 constitue un défaut technique du point de vue du contrat de crédit[126].

Le LLCR mesure quant à lui le rapport entre la somme des flux de trésorerie actualisés disponibles pour le service de la dette, jusqu'à la fin des remboursements prévus, sur l'encours total de la dette. Si le LLCR est inférieur à 1 en période d'exploitation, cela indique que l'emprunteur ne pourra pas rembourser sa dette selon le tableau d'amortissement financier initialement prévu. Ce niveau insuffisant de trésorerie peut conduire la banque à mettre son débiteur en défaut.

La loi du 28 juillet 2008 [127] relative aux contrats de partenariat impose au titulaire du contrat de communiquer un rapport annuel à la personne publique. Ce rapport contient les données économiques et comptables du projet (compte annuel de résultat de l'opération ; état des variations du patrimoine immobilier et des immobilisations ; ratios annuels de rentabilité interne du projet…), le suivi des indicateurs relatifs à la performance du titulaire, les recettes annexes qu'il a perçues de même que les pénalités qui lui ont été appliquées. Le partenaire privé est contrôlé tout au long de l'exécution du contrat, que ce soit par la personne pu-

---

125 *Financement des PPP*, Le moniteur.

126 Idem *supra.*

127 LOI n° 2008-735 du 28 juillet 2008 relative aux contrats de partenariat.

blique ou les prêteurs : ce suivi est destiné à limiter le risque d'aléa moral ex post[128].

2. Les actionnaires

Les actionnaires vont également analyser le projet qui leur est soumis. Leur implication est réelle puisqu'il s'agit souvent d'industriels liés au projet par des liens contractuels. Ils sont les financiers les plus à risque : les fonds propres constituent le premier amortisseur de risques. Ces financiers n'ont pas de garantie d'être remboursés, la cascade des cash-flows les plaçant en fin de ligne.

3. La qualité de l'emprunteur

Outre la nature même des risques du projet, la qualité de la personne qui rembourse le prêt, appelée contrepartie, a un impact sur le montant des primes de risques : en cession de créance acceptée, le prêteur applique un taux d'intérêt plus faible, partant du postulat qu'il encourt moins de risque de non remboursement en raison de la signature de la personne publique. Le client public est en effet réputé plus « fiable » que le client privé par les prêteurs : notamment parce que le remboursement de la dette fait partie des dépenses obligatoires des collectivités territoriales.

L'application du principe de transparence à la rémunération du cocontractant de la personne publique milite en faveur de la bancabilité du contrat. La décomposition et l'explicitation de la rémunération du partenaire privé représentent un atout profitable à tous : réduisant l'incertitude relative à la solvabilité de son client, le prêteur

[128] Cf. Titre 1) Chapitre 2)I)A).

éclairé sera enclin à soutenir le projet à des coûts plus intéressants qu'en situation d'opacité.

C. Les risques liés à la fin anticipée des contrats

1. Résiliation et déchéance

La durée de remboursement du financement bancaire est intègré dans le calendrier du projet. Les remboursements débutent à partir de la phase d'exploitation et s'échelonnent en général jusqu'à la fin du contrat, sauf dans le cas où un « tail » a été aménagé. Le tail ou « *coussin de maturité* » correspond à une période « *de sécurité* » qui permet de restructurer le remboursement du prêt en cours de contrat : cela est possible en prévoyant une maturité inférieure à la durée du contrat[129].

Toute fin précoce du contrat en cours d'exécution suspend le remboursement des créances telles que prévues dans leur calendrier d'amortissement. La fin anticipée du contrat constitue donc un risque pour le prêteur : il s'expose à la possibilité de ne pas recouvrer le montant de la dette non amortie. Dans l'hypothèse où le contrat est résilié pour motif d'intérêt général, le titulaire se voit attribuer une indemnité qui comprend : « *l'encours des financements bancaires, l'encours des fonds propres, le manque à gagner des investisseurs et le coût de rupture anticipée des sous-contrats* » (constructeurs et exploitants)[130]. Le prêteur veillera à ce qu'une créance lui soit consentie sur les indemnités que son client perçoit. Il en sera de même en cas

---

129 *Guide méthodologique de la MAPPP* p.92.

130 *Le financement des partenariats public-privé, Problématiques juridiques et financières, pratiques et enjeux*, PIGNON-XARDEL, MANOUKIAN, VITSE, Le Moniteur, 2010, p.195.

de résiliation pour *force* majeure, même si le manque à gagner n'est alors pas indemnisé.

Le prêteur portera aussi son attention sur la clause de déchéance, qui est la clause de bancabilité par excellence. La résiliation du contrat est, dans ce cas, imputable à un comportement fautif du titulaire du contrat. Son manque à gagner n'est pas indemnisé. Il en est de même de l'encours des fonds propres des investisseurs et des partenaires. De plus, il arrive souvent qu'une pénalité marginale représentant 5 à 10% de l'encours des financements bancaires soit déduite de l'indemnité[131]. On comprend pourquoi le prêteur cherchera des garanties pour assurer son paiement en cas de déchéance, notamment auprès de la personne publique, ce qu'il obtiendra rarement. Les établissements financiers peuvent exiger une garantie sur l'écart survenant entre l'encours de leur dette et le montant des indemnités versé au titulaire du contrat[132].

2. L'exigence de subordination des autres financiers au prêteur

Un projet bancable est un projet qui organise la primauté des banquiers sur les autres sources de financement : ce sont les contrats de crédits et l'orientation du principe de subordination qui structurent la cascade des cash-flows. Ce principe se matérialise par la signature de conventions de subordination (ce type d'accord organise l'ordre de priorité

---

[131] *Le financement des partenariats public-privé, Problématiques juridiques et financières, pratiques et enjeux*, PIGNON-XARDEL, MANOUKIAN, VITSE, Le Moniteur, 2010 p.195.

[132] *Le financement des partenariats public-privé, Problématiques juridiques et financières, pratiques et enjeux*, PIGNON-XARDEL, MANOUKIAN, VITSE, Le Moniteur, 2010 p. 214

des remboursements entre prêteurs et actionnaires)[133]. Celles-ci stipulent que les établissements financiers sont prioritaires dans toute redistribution des fonds générés par le titulaire du contrat, notamment en cas de défaillance. Ainsi, les modèles financiers intègrent des cascades de flux de trésorerie qui prévoient le remboursement des intérêts et le remboursement du principal de la dette projet avant le versement des dividendes[134].

3. Les dispositifs applicables en cas de fin anticipée du contrat

Afin de se prémunir contre le risque de fin anticipée du contrat, le prêteur peut exiger la signature d'accords directs avec les réalisateurs et les mainteneurs. Ces accords sont tripartites : ils sont signés par le titulaire du contrat principal, chacun des industriels et la banque. Par leur signature, les industriels consentent à être indemnisés une fois que les banques auront été désintéressées, voire à se porter garant en cas de défaut de paiement du titulaire du contrat. Ces accords sont de véritables gages de bancabilité puisqu'ils entérinent la cascade des cashflow souhaitée par les prêteurs. De plus, ces contrats peuvent contenir une clause de step-in qui reconnait le droit des banques à changer le titulaire du contrat en cas de défaillance. Dans la même veine, la possibilité de signer un accord tripartite entre la personne publique, le titulaire du contrat et la banque est ouverte. Par cette convention, la personne publique s'engage à payer toutes les

---

[133] *Ingénierie financière, fiscale et juridique*, Philippe RAIMBOURG, Martine BOIZARD, 2ème édition, Dalloz, septembre 2009, p.427.

[134] *Le financement des partenariats public-privé, Problématiques juridiques et financières, pratiques et enjeux*, PIGNON-XARDEL, MANOUKIAN, VITSE, Le Moniteur, 2010.

sommes dues à la banque en cas de résiliation ou de déchéance. Cette pratique est peu admise en France.

4. La cession de créance et la fin anticipée du contrat

La cession de créance permet de préserver le prêteur d'un tel risque : en effet, cette convention tripartite permet de sanctuariser les loyers de financement au profit du prêteur avec la garantie de la personne publique, qui reste valable même en cas de déchéance.

II. Investisseurs éclairés et fixation du coût de financement

A. Le potentiel financier du projet : un déterminant des prétentions de rentabilité

1. La détermination du TRI demandé par les actionnaires

Les actionnaires sont appréhendés comme des investisseurs financiers purs, leur concours permet de résoudre le risque de consolidation. La présence de ces « sponsors industriels » présente un double avantage, puisqu'en plus d'assurer la plus grande partie du capital, ils exercent un contrôle approfondi de tous les paramètres du projet pendant son exécution : ils sont en effet en première ligne face au risque ; un projet mal exécuté ne produira pas les dividendes escomptés, voire aucun. Le capital a deux fonctions essentielles : il confère au projet une assise financière minimale et constitue un « premier amortisseur de risque » : la dette subordonnée d'actionnaires n'arrive en effet qu'à la fin de la cascade des cashflow.

De plus, les banquiers n'autorisent pas les tirages sur crédits avant que les délais de purge soit consommés : par conséquent, les fonds propres sont souvent la seule source de financement disponible pendant la période qui débute à la signature du closing financier et qui prend fin à la date à laquelle le projet est purgé de tout recours. Cela explique que les actionnaires soient particulièrement exigeants en termes de rentabilité puisqu'ils sont les plus exposés aux risques. La signature d'un accord tripartite entre la personne publique, le titulaire du contrat et la banque peut néanmoins rendre possibles des décaissements avant le délai de purge. Si la nullité du contrat est prononcée après un recours en annulation, la personne publique s'engage par cette convention à payer toutes les sommes dues à la banque et assurer ainsi le paiement des architectes et des bureaux d'étude.

Cette exposition risquée des actionnaires est rémunérée par la fixation d'un taux de rentabilité interne. Il correspond à la rentabilité des fonds propres après impôt sur les sociétés. Comme il a été souligné : « Il est généralement utilisé par les sponsors, dans le but d'exprimer la rémunération du capital social par les dividendes sous la forme d'un taux comparable à un taux d'intérêt »[135]. Il tourne en général autour de 10%. De plus, le taux de rentabilité est susceptible de varier en fonction des différents schémas contractuels choisis.

2. Détermination de la marge de la banque

La marge que l'établissement financier prélève pour réaliser une opération de crédit est le spread. Il varie en fonction de nombreux paramètres. Le spread se compose de commis-

---

[135] *Le financement des partenariats public-privé, Problématiques juridiques et financières, pratiques et enjeux*, PIGNON-XARDEL, MANOUKIAN, VITSE, Le Moniteur, 2010, p. 225.

sions et d'une marge d'intérêt[136]. Il existe plusieurs types de commission : les commissions d'arrangement versées en deux fois aux banques pour leur aide dans la mise en place des financements, les commission de non-utilisation rémunérant la part non mobilisée des lignes de crédits que les prêteurs se sont engagés à rendre disponibles pour leur client et qu'elles ont renoncé à faire fructifier. Dans le cadre d'un contrat de partenariat, ces commissions sont intégrées dans le poste « Frais Financiers Intercalaires » qui correspondent aux frais capitalisés sur les tirages pendant la période de conception-construction.

Les établissements financiers appliquent un taux d'intérêt aux prêts qu'ils consentent. Ce taux d'intérêt intègre le taux auquel la banque s'est financée sur le marché interbancaire *(EURIBOR à une maturité précise)* et une marge qu'elle fixe en fonction de l'appréciation qu'elle fait de sa prise de risque. Cette prime de risque est exprimée en point de base (b.p.). Un b.p. équivaut à un centième de pourcentage de marge : une marge de 1% est donc égale à 100 points de base[137].

Les banques sont exposées à deux risques majeurs d'ordre financier : le risque de taux de change et le risque de taux d'intérêt. Le premier n'est pas couvert dans les PPP. Le second peut être maîtrisé par l'utilisation d'instruments de couverture du risque. Les plus utilisés sont :

- le SWAP ;
- le SWAPTION ;
- le Tunnel.

---

136 *Partenariats public-privé : mode d'emploi juridique et approche économique*, IGD- Dexia, Octobre 2006. p.231-p.262.

137 *Le Financement des PPP en France, Rapport du groupe des banques et organismes financiers membres de l'IGD*, power point présentation Octobre 2006 (disponible sur internet).

Le swap prémunit le titulaire du contrat contre une dégradation des conditions de financement sur le marché interbancaire grâce à une cristallisation des taux valable jusqu'à la fin du financement. Il permet de transformer un taux variable en taux fixe sur des maturités variables (se cotent contre Euribor 1,3, 6 ou 12 mois). Le swap est utilisé dans la majorité des projets en PPP car il permet d'avoir un loyer financier fixe. En cas de fin anticipée du contrat, la banque facturera le coût de débouclage des taux à sa contrepartie. Le swap peut intervenir à trois dates clés du contrat : la date de signature, la date de levée des conditions suspensives et enfin la date de mise en service de l'ouvrage.

Le Swaption peut être utilisé en guise de protection contre le risque de taux d'intérêt. Il se traduit par la souscription, sur une période très courte, d'une option swap qu'il sera possible d'activer en cas de dégradation des conditions de financement. Il reste très peu utilisé en raison de son coût.

Quant au tunnel, il permet de limiter la zone de fluctuation des taux d'intérêt. Il est également peu utilisé.

B. Dilution du risque et diversification des sources de financement

1. La diversification des sources de financement : un élément qui rassure les investisseurs

La diversification des sources de financement est un gage de bancabilité. Couplée avec l'aménagement de garanties, elle sauvegarde le désintéressement de chaque financier[138] et pallie à l'éventuelle défaillance d'un investisseur. Les crises de liquidités que peuvent connaître les banques limitent le vo-

---

138 *Rapport de valorisation des risques*, dossier p.3 projet ARCHADE.

lume des financements accordés et contraignent les emprunteurs à diversifier leurs sources de financement[139].

2. Contrats de prêt et risque de refinancement

La diversification des sources de financement est elle-même porteuse d'un nouveau risque : le risque de refinancement. Le risque de refinancement se traduit par une incertitude, au moment de la signature du contrat, des nouvelles conditions de prêt qui seront éventuellement accordées au titulaire une fois le contrat de prêt initial consommé. Ces conditions peuvent s'avérer plus intéressantes que celles du premier crédit ; mais elles peuvent tout aussi bien se dégrader en intégrant des taux d'intérêt plus importants. Les modalités de partage des gains de refinancement entre le titulaire du contrat et la personne publique sont envisagées lors de la phase de négociation.

Les prêts généralement consentis par les établissements bancaires sont appelés mini-perms. On distingue les soft mini-perms (couvrant une durée inférieure à celle du contrat) et les hard mini-perms (couvrant les phases de réalisation et les premières années d'exploitation uniquement). A l'issue de ce premier financement, la banque aura pu apprécier les perspectives de rentabilité future du projet et gagner en visibilité quant aux risques du projet. Cette première expérience et l'analyse qu'elle en fera détermineront sa décision de s'engager dans la poursuite du projet.

En vertu du principe de subordination qui organise un ordre de remboursement favorable aux prêteurs, le risque de refinancement est particulièrement important pour les

---

139 *Le financement des partenariats public-privé, Problématiques juridiques et financières, pratiques et enjeux*, PIGNON-XARDEL, MANOUKIAN, VITSE, Le Moniteur, 2010 p.229.

actionnaires : si les modalités de refinancement se sont dégradées, ils risquent d'accuser une baisse significative de leur rémunération. Ils sont encore plus exposés si un mécanisme de « full cash sweep » a été prévu : les banques captent l'intégralité des flux de trésorerie produits par le projet en vertu de ce principe, ce qui contraint les actionnaires à renoncer à leur rémunération[140].

140 *Le financement des partenariats public-privé, Problématiques juridiques et financières, pratiques et enjeux*, PIGNON-XARDEL, MANOUKIAN, VITSE, Le Moniteur, 2010

TITRE 4

LE PARTAGE DES RISQUES

CHAPITRE 1

La réduction du risque par sa ventilation

I. Un transfert en fonction des capacités de maîtrise de chacun

A. La distinction entre risque exogène et risque endogène

Tout projet recèle une pluralité de risques qu'une démarche d'analyse vise à identifier et monétariser. Il convient ensuite de les répartir entre les parties au contrat. Associée au travail d'analyse qui a été réalisé avant, cette étape ultime a pour ambition de « bâtir le projet en prenant ou en proposant des mesures propres à atténuer ou faire disparaître certains risques identifiés »[141].

Il existe plusieurs classifications des risques, parmi lesquelles celle qui les répartit en fonction de leur caractère endogène ou exogène. L'élément central de cette distinction réside dans une certaine maîtrise, ou non, par l'une des parties du risque considéré. Un risque endogène est un risque dont la réalisation dépend du mode de fonctionnement in-

---

141 *Le financement des partenariats public-privé, Problématiques juridiques et financières, pratiques et enjeux*, PIGNON-XARDEL, MANOUKIAN, VITSE, Le Moniteur, 2010.

terne du projet. Il est en principe possible d'identifier, pour ce type de risque, un ou plusieurs responsables au sein de la chaîne d'acteurs impliqués dans le projet. A l'inverse, un risque exogène est extérieur au mode de fonctionnement du projet et s'impose aux acteurs : ils n'ont donc aucune maîtrise sur sa réalisation.

B. La gestion technique des risques endogènes

Un risque endogène correspond à ce que l'on peut appeler un *« risque technique »*. Les acteurs mobilisés lors de la phase du projet au cours de laquelle le fait générateur s'est réalisé (conception, construction, exploitation, maintenance) sont susceptibles de s'en voir attribuer la responsabilité. La gestion des risques endogènes est féconde à plusieurs titres. Elle permet de décloisonner les différents risques identifiés, les différentes phases du projet et leurs acteurs.

Une analyse rigoureuse des risques endogènes aboutit à une lecture transversale du projet et au rattachement de différentes chaînes causales. Chaque projet s'inscrit dans un calendrier et un budget prévisionnels que tout *« accident de parcours »* peut bousculer. La ventilation des risques endogènes aboutit à replacer les acteurs dans leurs rôles et responsabilités respectives. Elle permet, en outre, de s'assurer qu'aucun risque technique n'a été négligé pendant la phase d'analyse des risques et de négociation du projet.

Enfin, et c'est l'idée qui est traitée en filigrane dans ce chapitre, une bonne gestion des risques endogènes peut réduire leur coût, étant entendu que « *chaque risque est différent selon l'entité qui le porte* »[142]. Nous avons vu que le risque est

---

142 *Le guide opérationnel des PPP*, François BERGERE et autres, 2ème édition, Le Moniteur, 2007, p. 99

intimement lié à la perception qu'en ont les acteurs. On part du postulat que les acteurs ont une meilleure anticipation et maîtrise des risques qui sont liés à leurs obligations contractuelles et leur champ de compétences. Cette connaissance accrue leur permet d'y remédier de manière plus efficace et efficiente que n'importe quel autre acteur.

A ce titre, il convient d'aborder une pratique de la passation des contrats de partenariat : les candidats à l'obtention d'un tel projet doivent remettre *« un cadre technique et stratégique pour la gestion des risques »* avec leur dossier de candidature. Il s'agit d'un outil visant à aider la personne publique à recueillir l'appréciation propre des candidats, en leur demandant de décrire la modélisation économique du projet et l'ampleur des aléas qu'ils ont identifiés. Le cadre proposé mentionne le partage des risques, en chiffrant les conséquences financières des aléas et leur répartition entre les divers acteurs impliqués[143]. Chaque candidat précise les modalités de prise en charge des risques et de leur coût assorties de ses propositions contractuelles, selon que le risque est entièrement transféré au partenaire privé ou à la personne publique, ou au contraire partagé entre eux et dans quelle proportion. Il invite également les candidats à proposer des actions préventives.

De manière assez schématique, la ventilation des risques « endogènes » se fait selon cette clé de répartition : le constructeur sera tenu responsable des risques qui sont susceptibles de se matérialiser pendant la phase de construction, l'exploitant pendant la phase d'exploitation et le mainteneur pendant la phase d'exploitation-maintenance.

---

143 *Cadre technique et stratégique de gestion des risques*, dossier À PERS.PUBLIQUE, p.1.

Le contrat d'interface illustre la gestion des risques endogènes d'interface. Cet accord se définit comme : « *le contrat qui régit les mécanismes de coopération, d'imputation des pénalités et responsabilités et de mise en jeu des assurances entre les prestataires de l'opérateur privé, notamment entre le promoteur ou le concepteur/constructeur et le mainteneur* ». Il *« fait descendre »* le risque industriel en deçà de la ligne de responsabilité directe du titulaire du contrat et par là même augmente la bancabilité du projet. En cas de surcoût d'interface, le titulaire du contrat ne subit aucun impact financier en vertu de cet accord.

L'accord d'interface :
une technique de gestion d'un risque endogène

Prenons pour exemple un projet destiné à concevoir, construire et exploiter un cyclotron (accélérateur de particules). Ce contrat prévoit la construction d'un bâtiment destiné à accueillir ledit cyclotron. Le titulaire du contrat, maître d'ouvrage, passe un contrat de conception, réalisation (construction), maintenance avec obligation de résultat – CCRMO. Un risque majeur plane sur le contrat : le risque d'interface, dont l'impact financier est fort. Pour accueillir l'accélérateur de particules, le bâtiment devra respecter un cahier des charges très précis. Si le constructeur ne se conforme pas aux interfaces définies dans le cahier des charges, les surcoûts engendrés seront colossaux. Dans l'hypothèse où les interfaces ont été initialement bien définies dans le CCRMO, le constructeur devra répondre des conséquences d'une livraison tardive du bâtiment. Le risque d'interface pourra lui être attribué par l'insertion de la clause suivante dans le contrat de CCRMO : « Lorsque les travaux ne sont pas faits dans le délai prescrit, le maître de l'ouvrage peut les faire exécuter aux frais et risques du constructeur ».[144] La formulation de cette clause délie le titulaire du contrat du risque d'interface et le fait reposer sur le constructeur qui a la maîtrise de la phase de construction.

[144] *Rapport de valorisation des risques*, projet ARCHADE, p.17.

C. La soutenabilité financière des risques exogènes

Les risques exogènes sont extérieurs au mode de fonctionnement du projet et s'imposent aux acteurs. De tels risques peuvent se matérialiser par : une modification de la législation, un changement de normes, une évolution de la fiscalité en cours de contrat... L'analyse des risques les a normalement identifiés ainsi que leur probabilité d'occurrence et leur sévérité. La répartition de ce type de risque n'est pas aussi aisée que celle des risques endogènes. Alors que la répartition de ces derniers s'effectue en fonction des capacités de maîtrise technique des acteurs, ce qui a pour résultat de réduire leur sévérité, la matérialisation des risques exogènes est indépendante des parties au contrat. Il est difficile de jouer sur leur sévérité. C'est pourquoi l'on parle de « soutenabilité financière » des risques exogènes, à défaut de pouvoir parler de leur gestion technique. Ces risques peuvent être anticipés mais ne peuvent pas être maîtrisés par les acteurs. Leur partage fait l'objet d'âpres négociations, puisqu'aucune répartition des risques externes n'est a priori « plus légitime » qu'une autre. Ils peuvent être partagés à part égale entre les deux parties au contrat. La personne publique a intérêt à ce partage : le coût de prise en charge par la personne privée de risques qu'elle ne maîtrise pas est répercuté sur la personne publique à un prix nécessairement exorbitant[145].

---

145 *Guide de la MAPPP*, p. 44.

Le risque fiscal : un risque exogène

Le risque fiscal est permanent et externe : les évolutions de la législation fiscale sont de nature à modifier l'économie du contrat, le budget prévisionnel étant construit sur des hypothèses fiscales. Le risque peut résulter d'une modification des impôts généraux, d'une modification, création ou suppression en cours de contrat d'un impôt, d'une taxe ou d'une redevance spécifique à l'objet du contrat, de nature à en dégrader ou en améliorer l'équilibre économique. La répartition de ce risque est propre à chaque projet. Cependant, il semblerait que de manière générale « les risques d'évolution de la réglementation sont pris en charge par le partenaire privé lorsqu'ils s'appliquent indifféremment à tous les secteurs, et qu'ils doivent être pris en charge par la personne publique lorsqu'ils s'appliquent de manière spécifique à un secteur »[146].

D. La performance, ou comment rendre le risque incitatif

La recherche de la performance est un élément majeur des partenariats public-privé. Un des principaux risques qui menace la bonne exécution du contrat public est l'aléa moral. Ce risque ex-post se matérialise par une sous-performance du titulaire du contrat lors de la phase d'exécution. Il est souvent difficile pour les personnes publiques de contrôler leur cocontractant, notamment dans des domaines où elles n'ont aucune compétence technique. Plusieurs solutions sont possibles pour rendre effective l'allocation du risque qui a été prévue au contrat. L'obligation contractuelle qui traduit un risque pesant sur la personne privée est assortie d'une sanction : la pénalité. Cette sanction financière incite le cocontractant de la personne publique à exécuter ses obligations et à y remédier dans les plus brefs délais : les pénalités sont généralement exprimées par unité de temps de

[146] Idem.

retard. Une autre technique contractuelle, véritable innovation apportée par les partenariats public-privé, consiste à faire évoluer la rémunération de la personne privée en fonction de sa performance, ceci de manière plus directe que par l'application de pénalités.

L'ordonnance du 17 juin 2004 [147] sur les contrats de partenariat impose l'alignement de la rémunération du titulaire sur son aptitude à maîtriser les risques, cela afin d'atteindre les objectifs de performance définis par le contrat[148.] Elle caractérise le contrat de partenariat comme une convention dans laquelle *« La rémunération du cocontractant fait l'objet d'un paiement par la personne publique pendant toute la durée du contrat. Elle est liée à des objectifs de performance assignés au cocontractant »*[149] et impose aux cocontractants d'insérer une clause relative : « *aux objectifs de performance assignés au cocontractant, notamment en ce qui concerne la qualité des prestations de services, la qualité des ouvrages, équipements ou biens immatériels, les conditions dans lesquelles ils sont mis à la disposition de la personne publique, et, le cas échéant, leur niveau de fréquentation* »[150]. L'exemple le plus probant de l'association de la performance à la rémunération du titulaire est celui du contrat de performance énergétique dont la garantie de performance est l'élément constituant[151].

---

147 Ordonnance n° 2004-559 du 17 juin 2004 sur les contrats de partenariat.

148 *Le guide opérationnel des PPP*, François BERGERE et autres, 2ème édition, Le Moniteur, 2007 p. 214.

149 Article 1) II) Ordonnance du 17 juin 2004 sur le contrat de partenariat.

150 Article 11)b) Ordonnance du 17 juin 2004 sur le contrat de partenariat.

151 *Les contrats de performance énergétiques*, Rapport à Madame Nathalie Kosciusko-Morizet, Ministre de l'écologie, du développement durable, des transports et du logement, Olivier Ortega, Mars 2011 p. 20.

Ces obligations, en plus de celle qui impose aux cocontractants d'insérer une clause relative au partage des risques, constituent « *des forces de rappel suffisantes pour que la répartition des risques soit équilibrée, respectant le principe général d'allocation du risque au partenaire le mieux à même de le maîtriser* »[152]. La prise de risque peut conduire au versement d'une rémunération supplémentaire en cas de surperformance. On peut citer le risque de refinancement généralement assumé par le partenaire privé. Une attitude passive le conduirait à fournir le minimum d'efforts pour trouver des conditions de refinancement favorables, partant du postulat qu'il pourra de toute façon refacturer à la personne publique, dans le cadre du loyer financier, des conditions de financement dégradées. Ce risque peut être aménagé de manière à inciter le partenaire privé à la performance dans sa recherche de refinancement ; les contrats de partenariats public-privé prévoient le plus souvent un partage des gains de refinancement entre la personne publique et le titulaire du contrat. Dans cette perspective, on comprend comment le risque peut devenir incitatif et générer de la performance. Dans la même veine, les contrats de performance énergétique associent répartition des risques et incitation à la performance, notamment par l'insertion de clauses d'intéressement. Cette clause stipule en général que la rémunération du prestataire est majorée si la réalisation est meilleure que l'objectif fixé dans le contrat (réduite dans le cas contraire). Le partage s'effectue sur la base de l'écart de consommation constaté par rapport à l'objectif prévu.

---

152 *Le guide opérationnel des PPP*, François BERGERE et autres, 2ème édition, Le Moniteur, 2007 p. 214.

Exemple de clause d'intéressement dans le cadre d'un contrat de partenariat de performance énergétique dans le domaine de l'éclairage public : « La rémunération de l'intéressement au poste « Gestion d'énergie », dans le cadre des économies d'énergie réalisées par le gestionnaire supérieures aux engagements, sera réglée de la façon suivante : « 80% des économies supplémentaires vont à la ville de X, 20% des économies supplémentaires vont au gestionnaire ».

II. L'optimalité du transfert et l'aversion au risque

A. L'allocation optimale des risques et préférences des agents économiques

L'allocation des risques est un élément propre aux contrats de partenariat public-privé. L'allocation dite « optimale » caractérise le contrat de partenariat ; elle est « *la dimension clé et la condition déterminante de la réussite du contrat de partenariat* »[153].

Les parties prenantes à un contrat de partenariat public-privé aspirent toutes deux à une bonne exécution du contrat. Elles ont cependant des intérêts et des préférences divergents : alors que le titulaire du contrat vise à maximiser son profit en entretenant notamment des asymétries informationnelles, la personne publique souhaite maîtriser sa dépense tout en profitant du savoir-faire du secteur privé et d'une prestation de qualité. Au regard des préférences divergentes des acteurs, on peut aisément imaginer ce qu'un transfert optimal des risques n'est pas : à savoir un *« transfert massif des risques vers le privé »*[154]. Ce type de répartition des

---

[153] *Pratique des partenariats public-privé, Choisir, évaluer, monter et suivre son PPP*, François LICHERE et autres, 2ème édition, Litec professionnels, 2009.

[154] *Pratique des partenariats public-privé, Choisir, évaluer, monter et suivre son PPP*, François LICHERE et autres, 2ème édition, Litec professionnels, 2009 p. 106.

risques ne correspond pas à l'esprit du partenariat public-privé, d'autant que dans telles conditions le contrat se fera au détriment de la personne publique qui, quand elle « *cherche à conserver tous les attributs du propriétaire tout en faisant peser la plupart des risques sur le partenaire privé* »[155], doit s'attendre à ce que « *le coût du contrat [ait] des chances d'être plus élevé* »[156]. L'allocation optimale des risques « *doit permettre l'optimisation du coût global sur la durée des opération tout en assurant des conditions favorables de financement par le privé* ».[157] A contrario, la personne publique ne doit pas être pusillanime[158] et assumer les risques de façon disproportionnée, auquel cas le recours au privé ne lui est pas profitable. Une allocation raisonnée des risques est guidée par plusieurs paramètres, parmi lesquels on peut recenser :

– « la nature du projet ;
– la nature de l'évènement donnant naissance au risque ;
– le caractère ponctuel ou permanent de ce dernier ;
– les compétences des parties impliquées, directement ou indirectement ;
– la flexibilité possible dans la gestion du risque ;
– les expériences antérieures des parties en matière de gestion des risques ;

---

155 *Pratique des partenariats public-privé, Choisir, évaluer, monter et suivre son PPP*, François LICHERE et autres, 2ème édition, Litec professionnels, 2009 p. 106.

156 *Pratique des partenariats public-privé, Choisir, évaluer, monter et suivre son PPP*, François LICHERE et autres, 2ème édition, Litec professionnels, 2009 p. 106.

157 *Pratique des partenariats public-privé, Choisir, évaluer, monter et suivre son PPP*, François LICHERE et autres, 2ème édition, Litec professionnels, 2009 p. 213

158 *Pratique des partenariats public-privé, Choisir, évaluer, monter et suivre son PPP*, François LICHERE et autres, 2ème édition, Litec professionnels, 2009.

- l'attitude du marché financier envers les risques du projet ;
- l'existence ou non d'assurances disponibles à un coût compatible avec l'économie du projet ;
- l'attente du public en matière de service rendu, en y incluant la tarification lorsque des recettes annexes proviennent des usagers-clients ;
- les attentes des pouvoirs publics en matière de service public rendu, etc. »[159].

B. Le Pareto-Optimum dans l'allocation des risques

L'optimum de Pareto est un concept économique qui se réfère à une « *Situation dans laquelle aucun échange ne peut améliorer le sort de quiconque sans détériorer le sort d'une autre personne* »[160]. Le modèle économique mettant en scène deux acteurs, le « principal » et « l'agent », montre que les intérêts de ces deux parties divergent et qu'il difficile d'atteindre l'optimum de Pareto lors de la passation d'un contrat public. Selon ce le modèle, le surplus du principal (la personne publique qui délègue) évolue selon un vecteur Sud-Est : il préfère verser un transfert de plus en plus faible pour une production croissante de l'agent. – figure ci-contre[161].

---

[159] *Le guide opérationnel des PPP*, François BERGERE et autres, 2ème édition, Le Moniteur, 2007, p. 219-220.

[160] *Dictionnaire d'alternatives économiques* en ligne : http://www.alternatives-economiques.fr/Dictionnaire_fr_52__def1076.html.

[161] Figures 1 et 2 : Institut d'économie industrielle, DEI Report#14, *Partenariats Public-Privé, Une réflexion économique sur les thèmes de la gestion déléguée des PPP*, février 2009. Chapitre 2 : Notions fondamentales en économie de l'information, p. 9 et 10.

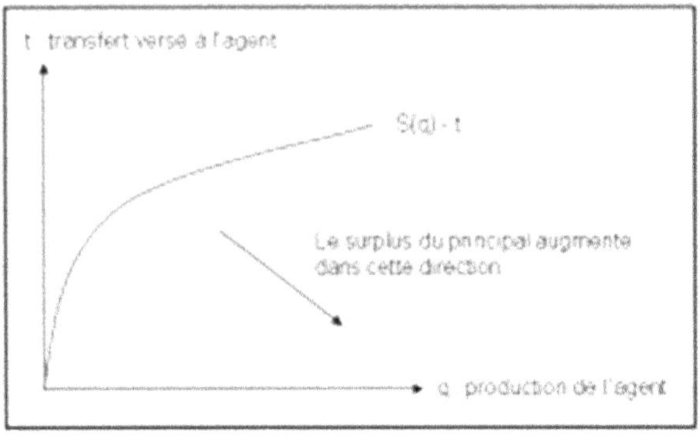

A l'inverse, le surplus de l'agent augmente dans la direction Nord-Ouest : il préfère recevoir un transfert élevé pour produire une faible quantité[162].

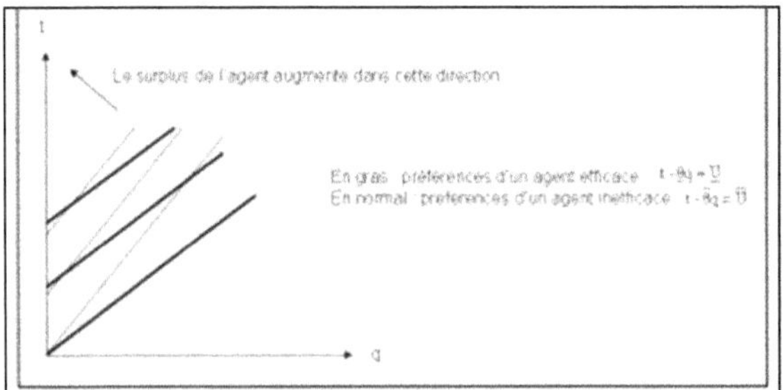

FIG. 2.2 – Préférences de l'agent.

Un contrat optimal, dit « *en optimum de premier rang* »[163] est un contrat où l'information détenue par le principal - la personne publique - est complète. La monétarisation des risques

[162] : Institut d'économie industrielle, DEI Report#14, *Partenariats Public-Privé, Une réflexion économique sur les thèmes de la gestion déléguée des PPP*, février 2009. Chapitre 2 : Notions fondamentales en économie de l'information, p. 16.

peut être réalisée avec une justesse accrue et surtout avec beaucoup de transparence entre les parties. Par conséquent, l'optimalité de l'allocation des risques est rendue possible puisqu'aucune des parties ne tente de maximiser son surplus au détriment de l'autre. Ce scénario est cependant peu courant, puisque l'agent aspire la plupart du temps à minorer son efficacité. C'est pourquoi l'on parle « *d'échec des contrats de premier-rang* »[164]. La plupart des contrats est négociée alors que la personne publique dispose d'informations incomplètes sur son futur cocontractant.

C. Informations imparfaites et biais d'allocations

Des asymétries informationnelles affectent la passation de contrats publics. Celles-ci se traduisent par une rétention d'information, quant à sa fonction de production, par le futur cocontractant de la personne publique. Il est impossible pour l'administration de connaître de manière sûre et complète les coûts que supporte le titulaire du contrat. Les asymétries informationnelles constituent une menace sérieuse pour une ventilation optimale des risques. La rétention d'information a un coût que l'on appelle « *coût d'agence* » dans le modèle économique du principal et de l'agent. Le principal, personne publique, délègue une activité à un agent, le titulaire du contrat, lequel assure une production en contrepartie d'un transfert de la personne publique. Il existe deux types d'agent : il peut être efficace ou inefficace, selon que son coût de production est faible ou

[164] Institut d'économie industrielle, DEI Report#14, *Partenariats Public-Privé, Une réflexion économique sur les thèmes de la gestion déléguée des PPP*, février 2009. Chapitre 2 : Notions fondamentales en économie de l'information, p. 19.

élevé. Un risque exogène peut rendre un agent efficace inefficace[165].

L'enjeu pour la personne publique réside dans sa connaissance des fonctions de production de son cocontractant ainsi que des probabilités d'occurrence des risques qui seront assumés par lui. Cette connaissance est souvent imparfaite, voire tronquée. Elle est favorisée par la chronologie du jeu contractuel : l'agent découvre en effet son profil (efficace ou inefficace) bien en amont du moment où la personne publique lui offre un contrat[166]. Cette chronologie lui permet de travestir son véritable type. L'ignorance de la personne publique peut s'avérer problématique. En effet, elle a peu de lisibilité quant au coût supporté par la personne privée pour assumer une obligation. Une certaine incertitude existe quant à la monétarisation des risques à la charge de la personne privée. Cette réalité remet en cause « l'optimalité » du partage des risques : dans l'hypothèse d'un sur-provisionnement de la personne privée lors du partage des risques, l'optimum de Pareto n'est plus atteint ; la situation est déséquilibrée au détriment de la personne publique.

---

165 Institut d'économie industrielle, DEI Report#14, *Partenariats Public-Privé, Une réflexion économique sur les thèmes de la gestion déléguée des PPP*, février 2009. Chapitre 2 : Notions fondamentales en économie de l'information, p. 9.

166 Institut d'économie industrielle, DEI Report#14, *Partenariats Public-Privé, Une réflexion économique sur les thèmes de la gestion déléguée des PPP*, février 2009. Chapitre 2 : Notions fondamentales en économie de l'information, p. 27.

III. Allocation financière des risques

A. Les enseignements des modèles d'allocation d'actifs risqués

Le MEDAF (Modèle d'évaluation des actifs financiers) ou CAPM (Capital Asset Pricing Model) a pour objet de connaitre la rentabilité espérée d'un actif, en fonction de l'appréciation que les agents économiques se font du risque. Ces derniers se positionnent sur une courbe de rentabilité suivant la variance que l'actif financier présente en termes de rémunérations. Si l'actif sort de cette courbe, il y a arbitrage. Le MEDAF fournit la relation suivante :

$$E[R_{actif}] = \tau_{sans\ risque} + \beta_{actif} \times [(E[R_{marché}] - \tau_{sans\ risque})]$$

Avec :

$E[R_{actif}] =$ *l'espérance de la rentabilité de l'actif étudié*

$\tau_{sans\ risque} =$ *le taux sans risque*

$\beta_{actif} =$ *la mesure du risque systématique de l'actif ou coefficient bêta de l'actif*

$E[R_{marché}] =$ *la rentabilité espérée du marché*

Le MEDAF permet d'identifier deux natures de risque. Tout d'abord, le *« risque spécifique »* : il s'agit du risque propre à un titre, à un projet d'investissement. Cette catégorie comprend les risques endogènes. Il s'agit des facteurs de risque qui lui sont spécifiques (ex. : défaillance de l'une des parties prenantes…). Ce risque peut être réduit par la diversification des investissements. Autrement dit, un partenaire financier qui investirait dans différents projets indépendants (secteurs différents, contreparties publiques différentes, zones géographiques différentes…) réduirait ce risque spécifique. Les projets d'investissement doivent être imparfaitement corrélés de telle façon que les facteurs de risque spécifiques puissent se compenser.

Le MEDAF isole également le « *risque systématique ou idiosyncratique* ». Cette notion renvoie à la dépendance entre les titres, entre les projets. La rentabilité de projets différents, même indépendants entre eux (ou imparfaitement corrélés), peut varier de manière conjointe. Ce risque systématique résulte de l'exposition commune à certains facteurs, en particulier les données macroéconomiques (ex. : économie du pays, modification de la réglementation fiscale, tension sur les marchés interbancaires…). Il est également appelé risque résiduel car il ne peut être réduit par la diversification. Ce risque systématique englobe la catégorie des risques exogènes. Le MEDAF explicite l'allocation financière qui est faite des risques. Il détermine la rentabilité attendue d'un projet, qui dépend du taux sans risque à laquelle est agrégée une prime de risque.

B. Détermination de la prime de risque

La prime de risque est composée de l'écart entre la rentabilité attendue du marché et le taux sans risque, auquel s'applique un coefficient « bêta » mesurant le risque systématique de l'actif ou du projet. En matière de partenariat public-privé, le montant de la prime de risque est éminemment tributaire des risques que le projet recèle. Le taux de rentabilité interne demandé par les actionnaires, qui constitue la rémunération des fonds propres, et le taux d'intérêt appliqué aux prêts consentis par les établissements bancaires seront d'autant plus élevés que les risques endogènes assumés par leur débiteur sont importants. La rentabilité souhaitée par ces agents sera également fonction de la quantité de risques exogènes identifiés, ces risques ayant la caractéristique d'échapper à tout contrôle des parties alors qu'ils ont souvent un impact financier considérable.

CHAPITRE 2

Le partage des risques scellé à la rédaction du contrat

I. Le partage des risques disséminé dans les clauses du contrat

A. Une tâche conjointe entre financiers et juristes

Les juristes ne sont pas seuls dans le travail d'ingénierie du contrat. Ils œuvrent en collaboration avec les financiers présents lors des négociations, le risque étant un élément structurant de la bancabilité du contrat. Les établissements bancaires et les actionnaires analysent le partage des risques au cours des différents tours de dialogue compétitif et exercent un monitoring interne pendant toute l'exécution du contrat. Ils n'ont pas une attitude neutre face au risque. C'est pourquoi, jusqu'à la fin des négociations, ils sont susceptibles d'influencer le partage des risques et de faire évoluer le contenu du contrat. Les clauses financières font l'objet de multiples tractations jusqu'à l'achèvement des pourparlers. Le closing financier scelle la fin des discussions et la signature du contrat qui correspond à la « *finalisation et signature des contrats industriels et financiers permettant le démarrage de l'opération.* »[167].

---

[167] *Guide de la MAPPP* p. 173.

B. Adapter le cadre contractuel avec le partage des risques

Les juristes ont besoin de connaître le partage des risques qui a été opéré afin d'opter pour un cadre contractuel. Une analyse fine du partage des risques met en exergue la qualification juridique la plus pertinente qui sied au contrat. Les différents types de contrat qu'offre la gamme des partenariats public-privé sont identifiables grâce au partage des risques qu'ils intègrent. La délégation de service public se caractérise par le report du risque d'exploitation sur le titulaire du contrat, selon la formule prétorienne consacrée par la jurisprudence administrative : « *une rémunération qui soit substantiellement liée aux résultats de l'exploitation* »[168]. Ce critère d'identification peut faire peser un risque de requalification sur le contrat : c'est le cas par exemple lorsque le montant des subventions publiques versées est susceptible de supprimer le risque d'exploitation que le titulaire du contrat est censé supporter[169].

Il en est de même de l'allocation des risques dans le contrat de partenariat. Conformément aux dispositions de l'ordonnance du 17 juin 2004, c'est « *l'allocation des risques optimale [qui] donne des justifications au choix de ce mode de gestion ; en effet, le contrat de partenariat doit, dans le cas où il serait retenu, présenter une allocation des risques optimale et équilibrée entre les différents partenaires* »[170].

---

[168] CE, 15 avril 1996.

[169] Voir exemple pratique développé au Titre 1) Chapitre 2) II) B).

[170] *Pratique des partenariats public-privé, Choisir, évaluer, monter et suivre son PPP*, François LICHERE et autres, 2ème édition, Litec professionnels, 2009 p. 99.

II. La neutralisation du risque contractuel par la technique rédactionnelle

A. Détermination juridique des responsabilités : du fait du prince à la force majeure

Le titulaire du contrat peut être indemnisé dans l'hypothèse où une décision de l'administration cocontractante rend plus difficile les conditions d'exécution du contrat. La théorie du fait de prince est similaire à la théorie de l'imprévision dans ses effets (elles ouvrent toutes deux le droit à indemnisation). Leur mise en œuvre n'est cependant pas déclenchée par le même fait générateur. Alors que l'imprévision suppose la survenance d'un élément extérieur et imprévisible, le fait du prince suppose que le bouleversement économique du contrat soit imputable à une décision ou un comportement de l'administration cocontractante, imprévisible au moment de la signature du contrat. La preuve d'une faute de l'administration n'est pas requise pour mettre en jeu sa responsabilité contractuelle. La théorie du fait du prince se distingue également de la théorie de l'imprévision en ce qu'elle permet au cocontractant d'obtenir une indemnisation intégrale de son préjudice. On imagine l'importance de cette théorie et la rigueur avec laquelle elle doit être appliquée dans un contrat de délégation de service public. C'est l'appréciation de la prédictibilité du comportement de la personne publique au moment de la signature du contrat qui sera déterminante. Le test de prévisibilité sera appliqué par le juge et le conduira ou non à prononcer l'indemnisation du titulaire du contrat. C'est par référence à une analyse objective et raisonnable des risques que la responsabilité des parties à un contrat de partenariat public-privé sera déterminée par le juge.

La force majeure a pour effet d'exonérer une partie de ses obligations dès lors qu'un élément extérieur, imprévisible et irrésistible rend leur exécution impossible. Une clause contractuelle prévoit en général les modalités de sa mise en œuvre si la tournure des évènements la rend applicable. Si elle ne figure pas explicitement dans le contrat, son titulaire peut l'invoquer devant le juge administratif[171].

B. Clauses contractuelles et matrice des risques : un jeu de miroirs

Les clauses d'un contrat ont force obligatoire entre les parties. Dans le cadre d'un contrat de partenariat public-privé, ces dernières ont conduit des discussions pendant plusieurs mois. La matrice des risques a évolué au fil des échanges et a servi de cadre aux tractations. Lorsque les parties tombent finalement d'accord sur le partage des risques et sur les termes du contrat, elles arrêtent une matrice des risques qui sert de support à la rédaction du contrat. La ventilation des risques permet d'identifier le cadre contractuel le plus pertinent et de le qualifier. Cela est particulièrement vrai pour le contrat de partenariat qui intègre une allocation des risques spécifique à chaque projet. Le contrat ayant pour objet de refléter fidèlement la matrice, les rédacteurs doivent expliciter les risques et leur répartition. Ceci est particulièrement vrai pour les risques supportés par le partenaire privé (cf. l'étude que nous avons faite des risques de sélection adverse et d'aléa moral qui émanent de lui). Les clauses du contrat dessinent l'étendue des responsabilités de chaque partie : elles doivent être les plus

---

171 Pour plus d'éléments, voir Titre 1, Chapitre 2) III)B) La force majeure.

exhaustives possibles, tout en prévoyant les hypothèses d'exonération de responsabilité. La matrice des risques est disséminée dans le contrat, au travers des clauses contractuelles fixant les objectifs et les indicateurs de performance, les pénalités et les causes légitimes exonératoires.

III. Une approche renforcée des risques

L'ordonnance du 23 juillet 2015 réformant les règles de la commande publique, qui entre en vigueur en 2016, accorde une place importante à la gestion des risques. Elle étend l'obligation de recourir à une évaluation des risques à tout marché public dont le montant d'investissement est supérieur à un seuil fixé par voie réglementaire.

Le contrat de partenariat devient marché de partenariat. L'ordonnance prévoit qu'il fixe les conditions dans lesquelles est établi le partage des risques entre l'acheteur et le titulaire. L'obligation de recourir à une évaluation préalable est maintenue. Mais, ce qui est nouveau, c'est que désormais une étude de soutenabilité budgétaire est expressément exigée. Dans le dispositif antérieur, seule une obligation d'établir un ratio de coût annuel du contrat de partenariat sur les recettes de fonctionnement de la collectivité territoriale cocontractante était exigée. Désormais, on parle plus explicitement de soutenabilité budgétaire, ce qui met en exergue le lien entre une gestion optimum des risques et une approche affinée de la soutenabilité financière du projet pour la personne publique.

Par ailleurs, les acheteurs publics ne pourront recourir au marché de partenariat que si la valeur de ce marché est supérieure à un seuil fixé par voie réglementaire en fonction notamment de « l'intensité du risque encouru ».

L'ordonnance introduit une nouveauté dans le dispositif des marchés de partenariat : les collectivités publiques pourront prendre des participations minoritaires au capital du titulaire lorsque ce dernier aura constitué une société de projet pour exécuter le marché. Les statuts de la société devront alors préciser la répartition des risques entre les actionnaires.

TITRE 5

LA MATRICE DES RISQUES

CHAPITRE 1

La matrice des risques, un outil de synthèse

I. La matrice comme visualisation des risques

A. Exemple illustré

	MOP		CP		
	public	privé	public	privé	part.
RISQUES TECHNIQUES					
archéologique	x			x	
hydrogéologiques et géotechniques	x			x	
pollution des sols et des sous-sols	x			x	
programme fonctionnel incomplet ou erroné	x		x		
défaillance de conception	x			x	
mauvaise prise en compte de l'existant	x			x	
mauvaise interface entre conception et construction	x			x	
incapacité à réaliser les travaux suivant le contrat		x		x	
défaillances techniques		x		x	
mauvaise estimation du coût		x		x	
mauvaise estimation du calendrier	x			x	
retard dans l'obtention des autorisations administratives	x				
imputable au partenaire privé				x	
imputable à la personne publique			x		
imputable ni à l'un ni à l'autre					x
non obtention des autorisations administratives ;	x				
imputable au partenaire privé				x	
imputable à la personne publique			x		
imputable ni à l'un ni à l'autre					x
recours contre les autorisations administratives ;	x				
imputable au partenaire privé				x	
imputable à la personne publique			x		
imputable ni à l'un ni à l'autre					x

retrait, annulation, suspension des autorisations administratives ;	x				
imputable au partenaire privé				x	
imputable à la personne publique			x		
imputable ni à l'un ni à l'autre					x
retard dans le lancement des travaux ;		x			
imputable au partenaire privé				x	
imputable à la personne publique			x		
imputable ni à l'un ni à l'autre					x
retard dans la réalisation des travaux ;		x			
imputable au partenaire privé				x	
imputable à la personne publique			x		
imputable ni à l'un ni à l'autre					x
retard dans la levée des réserves ;		x			
imputable au partenaire privé				x	
imputable à la personne publique			x		
imputable ni à l'un ni à l'autre					x
modification des besoins du fait de la personne publique	x		x		
modification des besoins du fait du partenaire privé	x			x	
surcoût résultant de conflits sociaux	x				x
surcoût résultant d'intempéries	x				x
surcoût résultant de force majeure	x		x		
surcoût résultant d'un dommage causé aux tiers ;	x				
imputable au partenaire privé			x		
imputable à la personne publique				x	
imputable ni à l'un ni à l'autre					x
vice de construction / construction non conforme		x		x	
RISQUES DE PERFORMANCES					
défauts du fait d'une carence d'exploitation	x			x	
défaut des logiciels et/ou des équipements	x			x	
modifications des spécifications du fait de l'évolution législative et réglementaire ;	x				
avant signature du contrat			x		
après signature et avant livraison de l'ouvrage				x	
après livraison de l'ouvrage			x		
modifications des spécifications du fait de l'évolution technologique ;	x				
demandées par la personne publique			x		
demandées par le titulaire du contrat				x	
obsolescence technique (évolution modérée des technologies)	x			x	
rupture technique (évolution radicale des technologies)	x			x	

RISQUES SUR LES COUTS D'EXPLOITATION					
mauvaise estimation du modèle macro-économique	x			x	
mauvaise estimation des coûts de gestion	x			x	
mauvaise estimation des revenus annexes	x			x	
variation du coût des énergies sur le marché	x		x		
risques de vandalisme, de dégradations	x				x
modification du périmètre des espaces à gérer	x		x		
remise au niveau des installations en fin de contrat	x			x	
mauvaise estimation du renouvellement du matériel	x			x	
évolution des besoins du fait de la personne publique nécessitant une adaptation	x		x		
MISE EN REGIE, RISQUES DE DECHEANCE ET DE FIN ANTICIPEE					
Mise en régie	x		x		
résiliation du fait de la personne publique ;	x				
pour motif d'intérêt général			x		
pour cas de force majeure			x		
pour fait du Prince			x		
pour bouleversement irrémédiable de l'économie du contrat			x		
résiliation du fait de la défaillance de la personne privée		x		x	
ASSURANCES ET ACCIDENTS					
Surcoût résultant d'un accident ;	x				
pour un fait imputable au Titulaire				x	
Pour un fait imputable à la personne publique			x		
pour un fait imputable à un Tiers					x
Risque d'augmentation de la prime d'assurance ;	x				
de la signature du contrat jusqu'à la mise à disposition de l'ouvrage				x	
après livraison de l'ouvrage			x		
RISQUE DE TAUX					
instabilité des taux courts ;	x				
avant signature du contrat			x		
après signature du contrat				x	
instabilité des taux longs ;	x				
avant signature du contrat			x		
après signature du contrat				x	

B. « Ce qui se conçoit bien s'énonce clairement »

La matrice est un document de synthèse sous forme de tableau. (cf. ci-dessus). Il a pour objet « *de répertorier, allouer et quantifier l'ensemble des risques en identifiant leurs responsables.* »[172]. La matrice permet de saisir d'un seul coup d'œil le partage des risques qui a été opéré et d'identifier le mode de gestion le mieux adapté au projet. Par sa forme synthétique, elle constitue une aide précieuse pour les négociations et la rédaction du contrat.

---

172 *Pratique des partenariats public-privé, Choisir, évaluer, monter et suivre son PPP*, François LICHERE et autres, 2ème édition, Litec professionnels p.99.

CHAPITRE 2

La matrice des risques, un outil de négociation

I. La matrice conçue pour une prévention des risques

A. Réduire le risque en le partageant

L'allocation optimale des risques s'effectue en partant du postulat que « *chaque risque est différent selon l'entité qui le porte* »[173]. La réduction d'un risque est dépendante des capacités de maîtrise de l'entité qui le porte. L'acteur qui a le plus d'emprise sur la réalisation du risque, dans l'hypothèse où celui-ci est lié à la nature et la date d'entrée en vigueur du contrat, doit le supporter car il est le plus à même d'en assurer la réduction au meilleur coût. Le partage des risques s'opère selon cette clé de répartition, reprise dans la matrice des risques.

B. La pratique : le cadre organisationnel de gestion des risques

Le « Cadre organisationnel de la gestion des risques » (COGER) est un document qui se trouve dans le dossier de

---

173 *Le guide opérationnel des PPP*, François BERGERE et autres, 2ème édition, Le Moniteur, 2007, p. 99.

consultation des entreprises. Il permet d'approfondir la connaissance des risques en confrontant les approches qui en sont respectivement faites par les candidats. Il est composé de plusieurs fiches techniques dédiées aux différents types de risques identifiés au stade de l'évaluation préalable. Il sert de support à la conduite des discussions lorsqu'il y a un dialogue compétitif. Chaque fiche présente l'approche du risque par la personne publique. Cette approche n'est pas définitivement arrêtée en l'état : les candidats sont invités à préciser leur propre analyse des risques en argumentant de façon précise. L'analyse peut diverger de celle présentée par la personne publique, sans que cela ne soit un handicap dans la phase de dialogue compétitif. Au contraire, seront valorisées les analyses qui apportent une plus-value à la compréhension du projet et à la gestion ultérieure de l'aléa, tout en économisant les deniers publics. Chaque fiche comporte ainsi des champs réservés aux candidats, invités à détailler autant que possible leur méthodologie et leurs hypothèses de valorisation[174].

---

174 *Le guide opérationnel des PPP*, François BERGERE et autres, 2ème édition, Le Moniteur, 2007, p. 99.

Nature et typologie du risque	
Analyse de la personne publique	L'ampleur du risque dépend étroitement de la chronologie du risque : une variation des coûts en termes de maintenance a un impact mineur en fin de projet, et majeur et début de vie du projet. Risque interne : l'opérateur peut contenir ou réduire les coûts de maintenance par ses propres choix techniques et par ses choix organisationnels (rythme de la maintenance, niveau de contrôle, etc.)
Analyse du candidat	Risque externe : la maintenance et l'exploitation du réseau peuvent être mises en péril par le fait d'un tiers (vandalisme, utilisation non conforme…)
Sources du risque	
Analyse de la personne publique	Une fois les investissements réalisés et les infrastructures exploitées, la viabilité du projet est affectée par les coûts liés à la maintenance des installations. Le projet initial prévoit de façon détaillée l'ensemble des charges liées à l'entretien du réseau, en incluant en particulier un coût d'entretien variable en fonction du nombre et du type d'équipements pris en compte. Ainsi, les montants à mobiliser ont été calculés comme étant de l'ordre de : • X% de la valeur des équipements passifs ; • Y% de la valeur des équipements actifs.
Analyse du candidat	Un tiers (exemple un autre opérateur) peut entraîner des dégradations nécessitant une augmentation de la fréquence et du niveau de maintenance.

Rapport d'évaluation préalable CEA, p. 79

Pour plus de lisibilité, les fiches s'organisent à travers des modules :

– Module « Nature et typologie du risque » : il s'agit de caractériser le risque, afin de le classer dans une famille. On distinguera de la sorte : les risques aux répercussions ponctuelles et ceux qui ont un impact sur toute la durée du projet ; les risques externes sur lesquels les acteurs du projet n'ont guère de contrôle et les risques internes dépendant des actions déployées par les partenaires ; les risques isolés qui touchent telle composante du projet, sans autre effet de diffusion, et les risques systémiques qui peuvent mettre à bas toute l'organisation…
– Module « Sources du risque » : sont ici précisés les éléments déclencheurs du risque, pour lesquels il convient d'identifier des leviers d'action et les différentes responsabilités des acteurs.

- Module « Probabilité d'occurrence » : ce module a pour objet d'apprécier la distribution de probabilité du risque. Pour rester opérationnelle, cette dernière est le plus souvent « discrétisée » grâce à l'étude de quelques scenarii types. La distribution de probabilité est déterminée en fonction des données statistiques disponibles sur des opérations comparables, puis confrontée à l'appréciation d'experts. Les hypothèses applicables au cas d'espèce y sont précisées.
- Module « Sévérité financière » : pour chacun des risques, il est proposé d'évaluer la sévérité du risque, c'est-à-dire l'engagement financier qu'il représente lorsqu'il se réalise. La difficulté de cette estimation tient au fait que la sévérité du risque dépend, outre les facteurs techniques, des options contractuelles retenues. Il est nécessaire de modéliser précisément le schéma économique du projet (par exemple au moyen de comptes de résultat annuels). Comme nous l'avons évoqué, deux mesures complémentaires de la sévérité du risque sont prises en compte :
- La sévérité actualisée : à partir de la modélisation du schéma économique, il est possible de mesurer la valeur actualisée nette du projet, c'est-à-dire la valeur présente de l'ensemble des flux financiers futurs du projet (dépenses d'investissement, subventions ou loyers, recettes d'exploitation, dépenses de maintenance, etc.). La sévérité actualisée du risque correspond à la variation de la VAN qu'il provoque : c'est la valeur présente d'un coût induit par un risque à une date future.
- La sévérité instantanée : il convient d'examiner, pour chaque année, l'effet du risque sur les cash-flows et les

niveaux d'endettement, afin de mettre en évidence d'éventuels « effets de seuil ». Un risque peut avoir un effet marginal sur la VAN, mais peser plus particulièrement sur une année du projet, où il obérera les liquidités dont dispose l'opérateur privé.

- Module « Partage des risques » : la prise en charge du coût de chaque risque est ici précisée, avec plusieurs propositions contractuelles selon que le risque est entièrement transféré au Partenaire Privé ou à la personne publique, ou au contraire partagé entre eux.
- Module « Actions préventives » : ce module vise à préciser les dispositifs qui réduisent la probabilité du risque ou son incidence financière en cas d'occurrence. Y sont cités des plans d'action ou des dispositifs opérationnels spécifiques qui améliorent sensiblement la gestion du risque.

Cette pratique permet aux industriels (exploitants, mainteneurs…) de livrer des informations sur les risques du projet et de fixer les lignes de provisions en résultant.

C. Un moyen de lutte contre les asymétries informationnelles

Des asymétries informationnelles affectent la passation des contrats publics. Celles-ci se manifestent par une rétention d'information de la part du titulaire du contrat ou par la livraison d'informations tronquées. Celui-ci ne communique pas sa véritable capacité de production et se fait passer pour un agent moins efficace.[175] La matrice de risques a pour effet de protéger en partie la personne publique de ce défaut

175 Cf. Titre 5) Chapitre 1) II) C).

d'information, car elle constitue, de par sa rigueur et son caractère systémique, un redoutable outil de questionnement.

II. La matrice, lieu de dialogue

A. La place du dialogue dans le partage et la réduction des risques

La dimension partenariale du PPP fait du dialogue un élément essentiel. C'est d'ailleurs l'un de ses traits caractéristiques. Le partage optimal des risques et leur réduction sont grandement facilités par le dialogue compétitif. Il est obligatoire dans le cadre du contrat de partenariat lorsque la complexité est le critère d'éligibilité qui a été choisi pour justifier le recours à cette forme contractuelle. Il se développe au sein des contrats publics, notamment pour la conclusion des baux emphytéotiques administratifs.

Le dialogue « *diffère d'un simple oral de présentation* ». C'est un lieu d'échange entre les parties prenantes. Il doit palier les problèmes d'asymétries informationnelles qui entravent la production de PPP vertueux[176].

La conduite du dialogue compétitif est orientée en fonction du programme fonctionnel émis par la personne publique. Lors de cette rencontre, personne publique et personne privée échangent quant aux moyens techniques, juridiques et financiers à mobiliser pour répondre aux besoins de la personne publique. Ce dialogue peut être conduit en plusieurs tours avec différents candidats. Les obligations d'égalité de traitement des candidats imposent de conduire ces dialogues « en tunnel » : la personne publique doit livrer les mêmes informations à tous les candidats et ne doit pas

---

[176] Cf. Titre 2) Chapitre 3)I)B).

dévoiler le contenu des échanges entre les différents candidats. Dans le cadre de ces échanges entre personne publique et partenaires privés, matérialisés par les lettres de cadrage, les questions-réponses ou encore les auditions, sont abordées la prise en compte des risques et la capacité respective des parties à les supporter. En fonction des différents types de risques, les intervenants sont à même de mesurer leur résilience et d'optimiser le partage des risques. A l'issue du dialogue compétitif, chaque candidat émet une offre finale sur la base de laquelle la personne publique sélectionne le titulaire du contrat.

Le succès d'un partenariat public-privé dépend éminemment de la qualité de ces discussions. Une forte implication des parties au contrat lors de ces échanges garantit un partage optimal des risques. Cela est vrai pour les collectivités publiques dont les dirigeants et agents ne sont pas nécessairement formés à de telles pratiques. Pour élaborer son programme fonctionnel, la personne publique examine ses moyens techniques, juridiques et financiers. Cette analyse la conduit à s'autoévaluer, notamment quant à la gestion des risques qu'elle identifie. Ce travail peut être synthétisé sous forme d'un projet de matrice qui sera soumis aux candidats lors de la remise du DCE.

Le partage des risques constitue le socle du dialogue compétitif. L'enjeu réside dans les transferts de risques entre les parties et dans la limitation de leurs responsabilités respectives. A l'occasion du dialogue, les parties sont tenues de traiter ce partage puisque, contrairement à d'autres contrats publics tels les délégations de service public, leur répartition ne relève que du contrat et que, logiquement, le partage des risques fait partie des clauses obligatoires mentionnées dans l'ordonnance de 2004.

B. L'anti-sélection : de possibles effets pervers

L'anti-sélection renvoie au risque de sélection adverse ou aléa moral. Le partage des risques endogènes est effectué sur la capacité de maîtrise des parties au contrat. Le transfert d'un risque peu maîtrisé au partenaire privé est dès lors facturé au prix fort à la personne publique. Le régime de responsabilité du titulaire du contrat doit faire l'objet de discussions poussées afin de limiter son risque de « sous performance » La qualité des discussions et de la rédaction du contrat a un impact certain quant au risque de sélection adverse. Le dialogue compétitif, s'il est bien conduit, permet d'obtenir une quantité importante d'informations du futur cocontractant de la personne publique. Affiner sa connaissance du candidat est la clé qui permet une monétarisation des risques la plus juste possible.

CHAPITRE 3

La matrice des risques : un outil de consolidation du projet

I. Un tableau de bord

A. A la recherche d'assurances et de garanties

1. Les assurances

Les assurances participent à la sécurisation du contrat. Certains risques ne peuvent être suffisamment réduits par le partage entre les parties prenantes et nécessitent la mise en place d'assurances. Ces dernières résultent toutefois d'un équilibre subtil entre la protection du projet face aux risques et le maintien en risque du partenaire privé. Les coûts de souscription des polices d'assurance sont refacturés à la personne publique dans le cadre des loyers. Or, le cœur du contrat de partenariat reste de garantir une répartition optimale du risque.

La sécurisation d'un contrat de partenariat par la mise en place d'assurances est contingente de la capacité économique et financière du partenaire à assurer la continuité du service public pendant le contrat. Le montage assuranciel varie par rapport au statut de la personne publique mais surtout en fonction de la matrice des risques. Il représente un coût non négligeable. Le guide méthodologique de la MAPPP recommande de traiter les problématiques liées aux assurances dès le dialogue compétitif, en amont de l'offre finale des candidats. Cela permet, lors du partage des risques, d'opérer un arbitrage en termes de coût entre les risques laissés à la charge du partenaire privé, refacturés dans les loyers, et les risques couverts par la souscription d'assurances. Même si les compagnies d'assurances ont développé ces quarante dernières années leur ingénierie technique et financière par le recours aux marchés de capitaux et de produits dérivés, certains risques demeurent inassurables. Ils sont supportés par la personne publique dans la majorité des cas.

A contrario, un risque assurable réunit plusieurs critères tel que l'existence d'un aléa, l'estimation possible de l'impact financier ou encore la possibilité de déterminer une prime d'assurance. En principe, le partenaire privé est le bénéficiaire des assurances souscrites. Dans certains cas, il est possible que la personne publique ou un créancier soit désigné en qualité de bénéficiaire des indemnisations. L'impératif de continuité du service public nécessite de prévoir des procédures de règlement accéléré des litiges assuranciels. Les contrats de partenariat peuvent intégrer des clauses portant renonciation à des recours ou des clauses de recours à des procédures d'arbitrage et de médiation. Le guide méthodologique de la MAPPP recommande de veiller aux doubles couvertures de risques qui pénalisent l'économie du contrat et font peser une menace sur les procédures d'indemnisation. Un risk manager peut être sollicité pour déceler les doubles emplois de police.

En matière assurancielle, un cadre réglementaire spécifique concerne la période de construction (assurance de responsabilité civile décennale, assurance dommages ouvrage…) Prenons l'exemple d'assurances pour la construction et l'exploitation-maintenance d'un hôtel de ville en contrat de partenariat public-privé :

- Une police tout risque chantier couvre toutes pertes ou dommages matériels affectant les travaux et ouvrages dont notamment incendie, foudre, explosion, événements et catastrophes naturelles, attentats, glissements de terrain, effondrements, affaissements, frais de déblais, frais additionnels de réparation (tels honoraires d'expert, travaux de nuit, travaux le dimanche ou pendant la période de congés, fret aérien ou transport de grande vitesse notamment, exposés pour rattraper le planning d'exécution des travaux à la suite du sinistre) ;
- Une police « dommages ouvrage et constructeur non réalisateur » décennale comprend la garantie légale, une garantie de bon fonctionnement sur des éléments d'équipement dissociables, une garantie des dommages immatériels consécutifs à des dommages relevant des articles 1792 et suivant du Code Civil.

Plusieurs assurances sont envisageables pendant la période d'exploitation. Les assurances des pertes d'exploitation sont encore peut adaptées au contrat de partenariat et demeurent coûteuses, parce que limitées dans le temps et plafonnées. L'assurance de la performance quant à elle se fait essentiellement par le recours à des « contacts bond » (ou cautionnement de projet). L'aménagement de clauses de rendez-vous annuels reste une bonne pratique. Elles ont pour objet de vérifier la bonne exécution des obligations d'assurances qui risquent de ne pas être renouvelées si elles sont consenties annuellement.

2. Les garanties

Plusieurs types de garanties peuvent être demandés dans le montage d'un partenariat public-privé. Les plus courants sont la garantie financière d'achèvement, la garantie autonome et le cautionnement personnel et solidaire. Les modalités de leur fixation dépendent du partage des risques effectué et retranscrit dans la matrice des risques.

La garantie financière d'achèvement (GFA) garantit de financer l'achèvement, en cas de défaillance du promoteur, d'un immeuble vendu dans le cadre d'une Vente en l'Etat Futur d'Achèvement (VEFA). La personne publique est assurée du financement de son immeuble en cas de dégradations dans l'exécution du contrat. La GFA se rattache aux obligations prévues aux articles 261-1 et suivants du Code de la Construction et de l'habitation.

La garantie autonome est régie par les dispositions de l'article 2331 du code civil qui la définit comme un « *un engagement par lequel le garant s'oblige en considérant d'une obligation souscrite par un tiers à verser une somme, soit à première demande, soit suivant les modalités convenues* ». Cette garantie est autonome par rapport au contrat de partenariat, ce qui emporte une conséquence majeure. En cas d'appel régulier de la garantie, le garant doit payer le débiteur sans bénéfice de discussion (sans pouvoir opposer les exceptions dont bénéfice le débiteur). Tout comportement contraire est de nature à engager sa responsabilité.

Le cautionnement personnel et solidaire est régi par l'article 2288 du code Civil qui dispose que « *celui qui se rend caution d'une obligation, se soumet envers le créancier à satisfaire à cette obligation si le débiteur n'y satisfait pas lui-même* ». Contrairement à la garantie autonome, le garant peut opposer toutes les exceptions que le débiteur principal aurait pu soulever.

Les établissements bancaires exigent la constitution d'une garantie de la maison mère de chaque actionnaire, voire une garantie bancaire à première demande, afin d'accorder un crédit relais fonds propres[177].

Dans leur analyse de la matrice des risques, les banques sont particulièrement attentives aux risques de déchéance et de fin anticipée du contrat. Il arrive que les banques exigent une garantie sur l'éventuel écart entre l'encours de leur dette et le montant des indemnités versées par la personne publique en cas de résiliation du contrat.

B. Un support pour la rédaction du contrat

La matrice des risques formalise le partage des risques qui a été opéré dans le montage d'un projet. Elle sert de base de discussion et permet de guider les rédacteurs du texte de l'avant-projet du contrat de partenariat[178]. C'est un jeu de miroir qui s'applique entre la matrice des risques finale annexée et les clauses contractuelles. La matrice des risques, sous forme de tableau, s'avère être une aide précieuse pour les rédacteurs. Ils disposeront d'un document leur permettant de visualiser rapidement et clairement le partage des risques. Les rédacteurs du contrat doivent retranscrire sous forme littérale de manière fidèle et la plus complète possible le partage opéré, mais également les éléments qui permettent de circonscrire la responsabilité de l'acteur qui assume le risque. Les rédacteurs veillent à préciser les causes exonératoires de responsabilité, les plafonds de pénalité et la période

---

177 Le financement des partenariats public-privé, Problématiques juridiques et financières, pratiques et enjeux, Pignon-Xardel, Manoukian, Vitse, Le Moniteur, 2010 p.214.

178 *Pratique des partenariats public-privé, Choisir, évaluer, monter et suivre son PPP*, François LICHERE et autres, 2ème édition, Litec professionnels p.140.

pour laquelle le risque est supporté afin d'assurer la bonne exécution du contrat. Les références des clauses contractuelles correspondant à chaque risque peuvent être reportées dans la matrice des risques.

C. Les évolutions dans la définition du projet

Le montage d'un projet en partenariat public-privé n'implique pas la réalisation d'une seule matrice définitive. Il passe par l'élaboration de plusieurs matrices au fur et à mesure qu'évolue la connaissance du projet et l'orientation des négociations. Chaque évolution alternative du projet peut être traduite par une matrice des risques. La matrice élaborée par la personne publique lors de la définition de son programme fonctionnel diffère de celles qui seront définies au cours des négociations avec les candidats. Il n'existe pas de matrice-type. La matrice des risques est fonction de la perception des risques selon les acteurs, de leur aversion au risque et de leur capacité financière. La matrice des risques est un document qui est appelé à évoluer en permanence. Elle acte des changements intervenus au cours des négociations. Ce processus est suivi jusqu'à la fin des négociations, lesquelles sont entérinées par l'élaboration d'une matrice finale. Le montage d'un projet repose sur la dernière matrice réalisée.

D. Une alliée dans la recherche de financement : la rédaction de la term sheet

La term sheet peut être entendue comme un « *document court synthétisant les principaux termes d'un contrat. C'est souvent le premier support de la négociation d'un contrat avant la rédaction effective* ».[179] La MAPPP la définit comme « *la liste des termes et*

---

[179] Définition du *Vernimmen* en ligne.

conditions applicables à un contrat financier ou de garantie »[180]. Elle revêt une dimension particulière dans le cadre d'une syndication de crédit où la term sheet regroupe les « *principaux termes d'un crédit syndiqué négociés entre la banque arrangeuse et l'entreprise* ».

Les conditions d'emprunts sont tributaires de l'appréciation des risques par les prêteurs. Cette appréciation se base sur la matrice des risques finale qui engage le futur débiteur. Ce document, par sa dimension synthétique et complète, permet aux prêteurs, alors même que la rédaction du contrat final n'est pas réalisée, de déterminer l'ordre de grandeur des primes de risques qu'ils appliqueront au prêt. Il concourt à l'élaboration de la term sheet, aussi appelée mémoire de financement, qui contient :

- la description du plan de financement ;
- la description de chaque type de dette :
- conditions préalables ;
- type et objet du prêt ;
- période de disponibilité ;
- sûreté ;
- modalités de tirage et de remboursement ;
- conditions détaillées ;
- dates de disponibilité et d'échéance ;
- les commissions :
- commissions d'arrangement ;
- commissions d'agent ;
- commissions de non-utilisation ;
- les formules de calcul de la soulte de rupture des swaps (le cas échéant).

180 *Guide méthodologique de la MAPPP* p.179.

Questions juridiques

aux éditions L'Harmattan

Dernières parutions

DIVORCE (LE) DU CHEF D'ENTREPRISE
Artiste, libéral, artisan, commerçant, actionnaire
Se marier, payer, divorcer
Rond Patrice
Patrice Rond, expert financier auprès des tribunaux, donne dans cet ouvrage les clés incontournables qui permettent à un entrepreneur, quel qu'il soit, d'anticiper sur ses droits et ses risques en cas de divorce. Prendre les bonnes décisions de protection de son patrimoine en choisissant les bons contrats de mariage, savoir changer de régime matrimonial quand il s'avère inadapté est tout à fait possible et souhaitable.
(16.50 euros, 158 p.)
ISBN : 978-2-343-05282-3, ISBN EBOOK : 978-2-336-36540-4

L'EXPERTISE NON JUDICIAIRE À L'AUNE DES DROITS FONDAMENTAUX
Goujon-Bethan Thibault
L'expertise déjudiciarisée est en plein essor, d'une part parce que l'avis d'experts se révèle indispensable dans un nombre croissant de matières juridiques irriguées par la technique (construction, dommage corporel), et d'autre part, car la recherche d'une efficacité économique conduit à minimiser le recours au juge. Cet ouvrage est conçu comme un mode d'emploi pour aider à la décision.
(Coll. Droit privé et sciences criminelles, 21.00 euros, 196 p.)
ISBN : 978-2-343-05335-6, ISBN EBOOK : 978-2-336-36778-1

TRANSPARENCE (LA) FINANCIÈRE DES ÉLUS POLITIQUES FRANÇAIS
Les conséquences des mesures législatives de 2013
Cael Céline - Préface de Sébastien Jakubowski ; postface de Pierre-Yves Néron
Cet ouvrage veut étudier les apports des lois et dispositifs mis en œuvre pour lutter contre la corruption depuis l'affaire Cahuzac, avec notamment la mise en place d'une haute Autorité pour la Transparence de la Vie Publique, le durcissement des conditions d'éligibilité, l'encadrement du *lobbying*, la naissance d'un procureur financier,... L'auteur analyse les conséquences de ces mesures et rend compte à l'aide d'entretiens d'élus politiques, des résistances de ces derniers à une publicité financière envers les citoyens.
(Coll. Logiques sociales, 21.00 euros, 214 p.)
ISBN : 978-2-343-05013-3, ISBN EBOOK : 978-2-336-36817-7

QUI A PEUR DE LA NOUVELLE PEINE SANS PRISON ?
Ajouter du «lien» et non du «rang» pour réussir la contrainte pénale et en finir avec la récidive
Delamotte Danielle
La contrainte pénale, nouvelle peine sans prison, fait peur. Car, ce qu'on retient d'elle, c'est qu'elle évite la prison. Le sujet est pourtant plus complexe et plus nuancé. Les psychologues et les criminologues s'accordent à dire que la délinquance est la maladie du lien. Pour soigner cette maladie, il faut s'intéresser à la personne et la placer au centre de la réflexion pour envisager la «contrainte pénale» sous un autre angle.
(11.50 euros, 86 p.)
ISBN : 978-2-343-04717-1, ISBN EBOOK : 978-2-336-36487-2

JUSTICE (LA) PÉNALE INTERNATIONALE EN AFRIQUE
Aspects juridiques, défis et perspectives
Diakité Kémoko - Préface du professeur Alioune Sall
Cet ouvrage met en exergue le contexte de création ainsi que les aspects juridiques et judiciaires des juridictions pénales internationales en Afrique, notamment le TPIR (Tribunal Pénal International pour le Rwanda), la CPI (Cour Pénale Internationale)... Il montre également les défis et les perspectives de la Justice pénale internationale en Afrique.
(23.00 euros, 234 p.)
ISBN : 978-2-343-05050-8, ISBN EBOOK : 978-2-336-36705-7

GOUVERNANCE, ENJEUX ET MONDIALISATION
Recherche sur les politiques environnementales de zonage maritime
Le challenge maritime de la France de Méditerranée et d'Outre-mer
Sous la direction de François Féral et Bernard Salvat
Dans le Pacifique et l'Océan Indien, la France ne participe pas très activement au mouvement de création d'aires marines protégées géantes alors que les possibilités y sont grandes. En métropole et Outre-mer, la mise en place des parcs naturels marins apparaît laborieuse. Le programme Gouvernance des Grandes Aires Marines Protégées a donné l'occasion à deux équipes de se pencher sur ce phénomène institutionnel majeur dans la conduite globale des politiques de protection des mers et des océans.
(23.00 euros, 218 p.)
ISBN : 978-2-343-04160-5, ISBN EBOOK : 978-2-336-36489-6

COLLECTIVITÉS TERRITORIALES ET ORGANISATIONS RÉGIONALES
De l'indifférence à l'interaction
Sous la direction de Danielle Perrot
Cet ouvrage traite des modes d'insertion des collectivités territoriales dans des organisations internationales conçues par leurs États de rattachement dans diverses régions du monde. Ces collectivités, ou «entités infra-étatiques» selon le droit international, sont souvent oubliées lors des débuts de ces constructions régionales. Elles tentent d'obtenir d'être représentées, et leur participation peut générer une interaction moins inégalitaire.
(Coll. Grale, 47.00 euros, 488 p.)
ISBN : 978-2-343-05111-6, ISBN EBOOK : 978-2-336-36639-5

ÉTHIQUE (L') DE L'AVOCAT PÉNALISTE
Rude-Antoine Edwige
Préface de Jean Danet
L'avocat est représenté, dans la fiction, sous les traits d'un être ambigu, sans cesse sur le fil... ce livre tente d'en approcher la réalité, qui est tout autre. Quelles relations d'ordre éthique l'avocat entretient-il avec lui-même mais aussi avec l'autre : son client, qu'il soit prévenu ou accusé, les jurés, les magistrats ? Peut-on parler du rapport de l'avocat à la vérité ? Comment peut-il construire des lignes de défense tout en restant partenaire de justice ?
(Coll. Éthique en contextes, 21.00 euros, 208 p.)
ISBN : 978-2-343-05222-9, ISBN EBOOK : 978-2-336-36460-5

NAISSANCE DE L'OBSERVATOIRE DE LA RÉCIDIVE ET DE LA DÉSISTANCE
Un long processus inachevé
Tournier Pierre V.
L'analyse de la récidive aurait logiquement dû relever de la compétence de l'Observatoire national de la délinquance et des réponses pénales placé sous l'autorité du Premier ministre. Mais sous l'impulsion de Christiane Taubira le choix s'est porté sur la création d'un observatoire *ad hoc* de plus, dépendant du ministère de la Justice : l'Observatoire de la récidive et de la désistance (août 2014). Ne s'est-on pas ainsi privé des outils d'une évaluation indépendante de la loi du 15 août 2014 sur la contrainte pénale et la libération sous contrainte ?
(Coll. Criminologie, 19.00 euros, 184 p.)
ISBN : 978-2-343-05118-5, ISBN EBOOK : 978-2-336-36387-5

ÉLÉMENTS DE PRÉVENTION DU CRIME
Lemaître André
Cet ouvrage montre la diversité des modèles de prévention de la délinquance, leur spécificité mais aussi leur nécessaire complémentarité. Il insiste également sur l'obligation de veiller aux aspects éthiques des politiques de prévention mises en place. En effet, l'utopie d'une société débarrassée de toute forme de criminalité contient la disparition de toute liberté.
(Coll. Sciences criminelles, série Controverses, 15.50 euros, 160 p.)
ISBN : 978-2-343-04666-2, ISBN EBOOK : 978-2-336-36324-0

SEXUALITÉ (LA) À L'ÉPREUVE DU COUPLE
Les révélations d'une avocate
Dalbin Agnès
Dans la majorité des divorces, les difficultés d'ordre sexuel sont souvent pointées du doigt comme une cause majeure de la rupture. S'appuyant sur les confidences recueillies lors de ses entretiens avec les couples qui divorcent, l'avocate Agnès Dalbin tente d'apporter son éclairage personnel sur cette problématique. Ce livre évolue comme une véritable histoire humaine, du mariage au divorce, en passant par la parentalité et l'après-divorce.
(Coll. La justice au quotidien, 13.50 euros, 118 p.)
ISBN : 978-2-343-04938-0, ISBN EBOOK : 978-2-336-36399-8

DROIT (LE) DU HANDICAP ET LA GESTION DU PATRIMOINE CULTUREL
Vers un modèle européen ?
B. Degros Eric
La rencontre entre le droit du handicap et le droit du patrimoine peut conduire à une confrontation d'intérêts contradictoires, nécessitant de trouver un équilibre entre le principe de l'accessibilité et le respect de l'authenticité, en faveur d'une conservation durable du patrimoine culturel. Il apparaît essentiel de trouver un équilibre entre «le droit des gens» et celui «des pierres».
(40.00 euros, 424 p.)
ISBN : 978-2-343-04418-7, ISBN EBOOK : 978-2-336-36269-4

DROIT BANCAIRE ISLAMIQUE
Notions, mécanismes et protections pénales
Jafari Amin
Conçu comme un manuel de droit, l'ouvrage étudie trois thèmes principaux : la notion de finance islamique et son fonctionnement, les instruments bancaires islamiques et enfin la protection du système bancaire dans l'ensemble de ses instruments et fonctionnements. La 3e partie propose un regard classique de droit pénal des affaires en matière de droit bancaire de finance islamique. Les branches chiite et sunnite de la finance islamique ont été distinguées dès le départ, permettant ainsi une comparaison tout au long du livre.
(Coll. Sciences criminelles, 33.00 euros, 326 p.)
ISBN : 978-2-343-04637-2, ISBN EBOOK : 978-2-336-36380-6

DROIT (LE) INTERNATIONAL. ASPECTS POLITIQUES (Volume 1)
Sous la direction de Jacques Bouineau
Textes réunis par Burt Kasparian
Ces contributions invitent à réfléchir sur la recomposition contemporaine de l'espace méditerranéen et sur le droit international qui s'y applique, à partir d'exemples tirés des plus grandes civilisations méditerranéennes aux époques antique et médiévale. Elles invitent le lecteur à s'interroger sur les piliers de la Méditerranée dans le jeu des relations entre les hommes et les institutions, et à découvrir l'essence des réponses juridiques et politiques.
(Coll. Méditerranées, 16.50 euros, 158 p.)
ISBN : 978-2-343-04661-7, ISBN EBOOK : 978-2-336-36366-0

DROIT (LE) INTERNATIONAL. ASPECTS POLITIQUES (Volume 2)
Sous la direction de Jacques Bouineau
Textes réunis par Burt Kasparian
Ce volume offre une réflexion sur la recomposition de l'espace méditerranéen contemporain à partir de l'histoire ou de l'actualité. L'histoire est traitée de la période qui s'étend de la Renaissance à la fin du XIXe siècle. En ce qui concerne l'actualité, le jeu des emprunts et des modèles juridiques transparaît aussi bien dans la fiscalité internationale actuelle que dans les transpositions constitutionnelles du droit français en Égypte ou dans l'observation du fonctionnement de l'Europe.
(Coll. Méditerranées, 19.00 euros, 184 p.)
ISBN : 978-2-336-30904-0, ISBN EBOOK : 978-2-336-36367-7

L'HARMATTAN ITALIA
Via Degli Artisti 15; 10124 Torino
harmattan.italia@gmail.com

L'HARMATTAN HONGRIE
Könyvesbolt ; Kossuth L. u. 14-16
1053 Budapest

L'HARMATTAN KINSHASA
185, avenue Nyangwe
Commune de Lingwala
Kinshasa, R.D. Congo
(00243) 998697603 ou (00243) 999229662

L'HARMATTAN CONGO
67, av. E. P. Lumumba
Bât. – Congo Pharmacie (Bib. Nat.)
BP2874 Brazzaville
harmattan.congo@yahoo.fr

L'HARMATTAN GUINÉE
Almamya Rue KA 028, en face
du restaurant Le Cèdre
OKB agency BP 3470 Conakry
(00224) 657 20 85 08 / 664 28 91 96
harmattanguinee@yahoo.fr

L'HARMATTAN MALI
Rue 73, Porte 536, Niamakoro,
Cité Unicef, Bamako
Tél. 00 (223) 20205724 / +(223) 76378082
poudiougopaul@yahoo.fr
pp.harmattan@gmail.com

L'HARMATTAN CAMEROUN
BP 11486
Face à la SNI, immeuble Don Bosco
Yaoundé
(00237) 99 76 61 66
harmattancam@yahoo.fr

L'HARMATTAN CÔTE D'IVOIRE
Résidence Karl / cité des arts
Abidjan-Cocody 03 BP 1588 Abidjan 03
(00225) 05 77 87 31
etien_nda@yahoo.fr

L'HARMATTAN BURKINA
Penou Achille Some
Ouagadougou
(+226) 70 26 88 27

L'HARMATTAN SÉNÉGAL
10 VDN en face Mermoz, après le pont de Fann
BP 45034 Dakar Fann
33 825 98 58 / 33 860 9858
senharmattan@gmail.com / senlibraire@gmail.com
www.harmattansenegal.com

L'HARMATTAN BÉNIN
ISOR-BENIN
01 BP 359 COTONOU-RP
Quartier Gbèdjromèdé,
Rue Agbélenco, Lot 1247 I
Tél : 00 229 21 32 53 79
christian_dablaka123@yahoo.fr

Achevé d'imprimer par Corlet Numérique - 14110 Condé-sur-Noireau
N° d'Imprimeur : 125729 - Dépôt légal : février 2016 - *Imprimé en France*

www.ingramcontent.com/pod-product-compliance
Lightning Source LLC
LaVergne TN
LVHW021230061026
849535LV00008B/3000
9782343077031